L'AMI DE LA CHARTE

EN PRISON

OU

UN MOIS DE RETRAITE,

SUIVI DE

NOTES EXPLICATIVES ET HISTORIQUES.

À Nantes,
De l'Imprimerie de Victor Mangin.

L'AMI DE LA CHARTE
EN PRISON

OU
UN MOIS

DE
RETRAITE,

SUIVI DE

NOTES EXPLICATIVES & HISTORIQUES;

PAR

VICTOR MANGIN,

RÉDACTEUR DE L'AMI DE LA CHARTE,

JOURNAL POLITIQUE ET LITTÉRAIRE DE NANTES.

A NANTES,

Chez VICTOR MANGIN, Imprimeur-Libraire,

QUAI DE LA FOSSE, N° 28.

Du 10 Septembre au 10 Octobre 1827.

L'Ami de la Charte
En Prison
ou
Un Mois de Retraite.

Que faire pour chasser la tristesse qu'inspirent ces noires murailles et ces odieux barreaux ? Le travail et l'étude ont toujours été les plus puissants antidotes de l'ennui : faisons une brochure!... Mais pourquoi donc hésité-je à commencer ?

Jusqu'à présent je ne m'étais point encore mis en tête d'écrire autre chose que des articles de journal ; et ces articles, presque tous calqués sur ceux des feuilles de Paris qui ont adopté la couleur constitutionnelle , n'ont jamais eu que le mérite de l'à-propos : cependant j'aime à croire que *l'Ami de la Charte* a rendu quelques services à la liberté légale ; qu'il a su faire distinguer cette liberté légale de la licence

et qu'il a conséquemment attaché ceux de « »
lecteurs qui ne la connaissaient pas , à la forme
de gouvernement que nous possédons.

J'ai donc voulu marcher sur les traces des
rédacteurs du *Courrier Français* , du *Cons-
titutionnel*, de *la Minerve* , du *Journal du
Commerce* , de *la France Chrétienne* , et
d'autres ouvrages périodiques dont quelques-uns
n'existent plus. Mais, si quelque succès a cou-
ronné mes efforts, si *l'Ami de la Charte* a
eu et des abonnés et des lecteurs, il le doit à
une marche toujours franche, à beaucoup de
persévérance , à une incorruptibilité éprouvée,
à des conseils aussi sages qu'indépendants, et
aux excellents matériaux qu'il a puisés chez ses
confrères.

Être journaliste comme je le suis, n'est donc
pas chose très-difficile, et l'on ne doit point en
tirer vanité ; il y a bien loin d'un écrivain de
cette sorte à un auteur de brochure, et le souvenir des *Ermites en prison* aurait dû glacer mon
courage et m'arracher la plume des mains. Mais,
dira-t-on, si c'est pour charmer les ennuis de
la captivité que vous vous avisez d'écrire, pourquoi ne pas garder pour vous seul votre petit
manuscrit ? Pourquoi ! parce qu'aujourd'hui
chacun veut se faire imprimer, chacun veut
être auteur, chacun veut grossir la foule des

productiou. ₁némères qui fourmillent en tous lieux. Quel que puisse donc être le sort que le public réserve à mon *Mois de Retraite*, je le publierai, dussé-je hâter ainsi le sommeil de quelque lecteur qui l'aurait en vain cherché dans les feuilles ministérielles.

Heureux journaux! si vous n'avez pas beaucoup de lecteurs, si vos articles de commande donnent souvent des nausées aux hommes courageux qui parcourent des yeux vos longues colonnes, au moins vos maîtres ne vont point en prison; ils ne connaissent pas le chemin du tribunal de police correctionnelle; et, recevant d'une main le salaire de leur docilité et de l'autre l'esquisse de la marche qu'ils doivent suivre, ils vivent dans un repos auquel votre nullité sert de rempart inexpugnable.

C'est pour la seconde fois que la prison du Bouffai m'ouvre ses portes (1) : j'ai été condamné trois fois à y séjourner, mais j'ai été poursuivi un bien plus grand nombre.

Ma première condamnation fut occasionée par une suite d'articles dans lesquels *l'Ami de la Charte* parlait des scènes qui avaient eu lieu sur la place du Bouffai, à la suite d'un procès célèbre : un grand appareil militaire avait été déployé, on eût dit qu'il s'agissait d'entrer en campagne. M. le lieutenant-général comte de Despinois, commandant de la 12e division militaire dont le chef-lieu est Nantes, commandait en personne. L'orgueil nantais était blessé de voir un tel étalage de force armée : quelques désordres que je pourrais rappeler ici sans crainte, furent donc la conséquence naturelle de cette mesure intempestive ; il y eut des victimes, et l'on sait que dans de semblables circonstances il n'est guère possible qu'il en soit autrement. *L'Ami de la Charte* ne fut pas muet, il raconta; mais, soit que quelques-uns des renseignements donnés à la hâte ne fussent pas tout-à-fait exacts, soit que l'indignation entraînât un peu loin les narrateurs, M. le lieutenant-général comte de Despinois se crut insulté, et demanda réparation au tribunal de police correctionnelle qui prononça, contre tous les auteurs d'articles relatifs à l'affaire du Bouffai, une condamnation qui fut en partie confirmée par la cour royale de Rennes : comme auteur de l'un des passages les plus incriminés, et comme responsable d'une signature pseudonyme, ma part fut de deux mois de prison et de 1000 francs d'amende. En première instance, le ministère public avait conclu contre moi à sept mois de prison et à 1000 francs d'amende; et le tribunal m'avait condamné à deux mois de prison et à 4000 francs d'amende.

Au nombre des lettres auxquelles j'avais cru devoir donner place dans mon journal, il s'en trouvait une d'un style très-vigoureux, qui parut attirer fortement l'attention de M. le lieutenant-général, et conséquemment du ministère public, à qui M. le comte de Despinois avait porté plainte; elle était signée *l'Observateur*: on fit tout pour connaître celui qui avait adopté cette signature, et je ne voulus point le nommer. *L'Observateur* approchait souvent M. le comte de Despinois, et son sort dépendait de cet officier-général : si je n'eusse pas su garder son secret, sa destitution était certaine; il n'y avait pas à balancer. En me rendant aux instances qui m'étaient faites, j'étais sûr de voir considérablement réduire ma peine, car je n'étais point mis en cause *comme éditeur responsable*, j'étais simplement assigné comme auteur de l'article qui portait ma signature, et comme auteur de celui qui était signé *l'Observateur*; ce dernier contenait les principaux chefs d'accusation. Mon silence conserva donc à un honnête homme l'emploi qu'il exerçait depuis long-temps avec honneur; j'ai su même que depuis cette époque il a obtenu un avancement auquel il n'aurait certainement point prétendu, si j'avais parlé.

Il faut qu'il y ait eu quelque changement dans la manière dont les poursuites exercées contre les journaux sont dirigées : M. le juge d'instruction, le tribunal de police correctionnelle de Nantes, et la cour royale de Rennes, ont insisté pour que je nommasse *l'Observateur*; tandis que dans mes deux derniers procès, et notamment dans celui pour lequel je suis maintenant en prison, on n'a point cherché à connaître les auteurs des articles incriminés.

Peu de temps après l'affaire du Bouffai, je me trouvai fortuitement témoin de celle du Port-au-Vin : des suisses du poste venaient d'arrêter un homme et le maltraitaient; on leur fit observer qu'on pouvait bien arrêter un homme sans lui faire éprouver de mauvais traitements : cette observation fut mal reçue, il en résulta des scènes tumultueuses dont *l'Ami de la Charte* rendit compte; et je fus, avec plusieurs de mes concitoyens, condamné à dix jours de prison.

Je subis en même-temps les deux condamnations, et je restai soixante - dix jours au Bouffai. Pendant ce temps, d'abondantes souscriptions couvrirent les amendes et les frais prononcés dans ces deux instances contre tous les condamnés; mais, comme la somme qu'elles avaient produite dépassait ce qu'on avait arrêté de payer, l'excédant fut consacré à une œuvre de bienfaisance : je n'en fus donc que pour la perte de ma liberté individuelle, l'abandon des affaires de ma maison pendant près de deux mois et demi, et pour mes frais de prison.

Il est des hommes que le sort ne se lasse pas de poursuivre, et dont le ciel veut éprouver la constance de toutes les manières ! Tandis que j'étais en prison, M. Chaillou, alors notaire à Nantes, tomba en déconfiture ; propriétaire de grands biens, il devait une somme plus considérable encore, et son déficit était de plusieurs centaines de mille francs. Je fus au nombre de ses victimes : M. Chaillou m'avait fait quelques avances, il profita de ma position pour me demander ma signature, afin de prendre pour lui de fortes sommes qu'on le chargeait de placer. M. Chaillou faisait alors bâtir de très-beaux jardins à la porte de Nantes, jardins auxquels on a donné le nom de *Folies-Chaillou*, nom qu'ils portent encore. J'hésitai d'autant moins à lui accorder ce qu'il me demandait, que je voyais toujours chez lui un grand courant d'affaires, et qu'il possédait la confiance d'une foule de personnes recommandables. La perte que me fit éprouver M. Chaillou était irréparable ; elle eut et aura toujours une grande influence sur ma destinée.

Les sommes que M. Chaillou m'avait précédemment avancées m'étaient nécessaires au moment où mon père, dont la révolution avait d'abord dévoré le patrimoine et ensuite altéré la fortune acquise, venait de me céder son établissement qui n'était conséquemment pas dans un état très-florissant : je commençais cependant à entrevoir que mes travaux seraient couronnés de quelque succès, quand la déconfiture de M. Chaillou vint renverser toutes mes espérances.

Le proverbe qui dit *qu'un malheur n'arrive jamais sans l'autre*, est souvent plein de justesse. Propriétaire d'une imprimerie assez belle et qui avait été créée dans un local situé près de la Bourse, local que mon père m'avait cédé et où il était resté près de trente années consécutives, je n'avais pas cru devoir changer de logement. Cette maison appartenait à une très-ancienne famille de Bretagne, et était sous la dépendance d'un procurateur dont les opinions politiques sont diamétralement opposées à celles de *l'Ami de la Charte*. Je ne prétends point faire ici la guerre aux opinions ; la conscience est un asile sacré, et que nul ne doit violer : toute opinion, quelle qu'elle soit, est respectable dès qu'elle est professée par un honnête homme, dès que la plus exacte probité et la plus intime conviction en forment la base : mais vouloir exercer sur ses semblables un empire absolu, vouloir imposer sa pensée à autrui et concevoir la ridicule prétention de la lui inculquer dans l'âme bon gré malgré, est un acte complet de frénésie ou de fanatisme, car le fanatisme n'existe pas seulement en matière de religion. Il s'agissait de renouveler mon bail, j'en fis la demande au procurateur de la famille dont je viens de parler ; et celui-ci, pour toute réponse, profitant de mon incarcération et du malheur que M. Chaillou venait de faire peser sur ma tête, me répondit par un congé, et me le fit signifier dans ma prison même : des démarches furent alors faites pour obtenir l'annulation de cet ordre fatal ; des amis s'employèrent pour moi, mais en vain. Cependant, après qu'il se fut écoulé quelques mois, le procurateur de mes propriétaires se radoucit, il me fit promettre de me conserver le local et même de me passer ferme, mais à condition que je renoncerais à publier *l'Ami de la Charte*. On devine quelle fut ma réponse : j'acceptai le congé, je gardai mon journal, et j'appris que c'était un autre imprimeur qui me remplaçait ! ....

Je n'étais pas encore rendu au bout, et les peines que je devais éprouver n'arrivaient que successivement à leur terme.

Pour installer mes ateliers dans le nouveau local que j'avais affermé, il me fallut faire des dépenses assez fortes : à peine y étais-je, qu'un accident imprévu occasiona l'examen des fondations de la maison ; elles étaient mauvaises, et je fus obligé de déloger au plus vite pour que l'on pût promptement abattre ce vieil édifice.

Les frais que j'avais faits furent en grande partie perdus pour moi, et il fallut me soumettre à d'autres dépenses plus fortes encore pour m'établir ailleurs. Ces deux événements successifs, et les fonds qu'ils m'ont ravis, n'ont pas contribué à réparer mes pertes antérieures; ils m'ont presque achevé.

J'ai dit plus haut que la révolution avait dévoré le patrimoine de ma famille, voici comment:

Charles Mangin, mon grand père, était architecte et entrepreneur en bâtiments à Paris; la capitale lui doit plusieurs monuments publics et un assez grand nombre d'édifices particuliers qui sont généralement estimés (2). Au commencement de la révolution, il lui était dû, par le gouvernement, 300,000 fr. dont il avait déboursé une très-grande partie en avances diverses et qui lui furent payés en inscriptions à la création des 5 p^r cent consolidés. Le peu de valeur effective qu'il put tirer de ce remboursement ne lui fit rentrer qu'une très-faible somme; et, sur ses vieux jours, après avoir long-temps travaillé, Charles Mangin se vit forcé de recourir à ses enfants.

Il a été rendu une loi pour indemniser les propriétaires de biens-fonds, ne serait-il donc pas équitable d'indemniser aussi les français auxquels on a ainsi ravi le fruit de leurs travaux; le noble prix de leurs talents?... Les intérêts des uns sont-ils donc plus sacrés que ceux des autres? et une bonne justice distributive n'exige-rait-elle pas qu'en réparant une perte on réparât l'autre?

Puisque j'en suis à parler de mes aïeux (car les vilains ont aussi des aïeux), je dirai, en passant, que le pont de la Poissonnerie dont chacun admire la solidité et la belle construction, fut bâti en 1757 par Louis Laillaud (3) dont Charles Mangin avait épousé la fille : ce pont avait été trois fois manqué par des architectes que M. le duc d'Aiguillon avait fait venir de Paris. Plusieurs maisons particulières sont aussi l'ouvrage de Louis Laillaud, et l'isle Feydeau principalement lui doit un grand nombre d'édifices.

Je suis loin de vouloir tirer vanité d'un mérite qui ne doit honorer que ceux qui l'ont possédé. Je sais trop que ce vieil adage *tel père tel fils*, n'a pas toujours de justes applications. Aujourd'hui, de quelque sang que l'on soit issu, on doit payer de sa personne et de ses talents. L'éclat des vertus d'ancêtres dont l'histoire et la France auraient le plus conservé le souvenir, ne tournerait qu'à la honte du dernier rejeton d'une famille illustre, si c'était un être nul :

> Et la postérité d'Alfane et de Bayard,
> Quand ce n'est qu'une rosse, est vendue au hasard.

Avant ma première condamnation, il m'avait été intenté une autre affaire; j'étais prévenu

d'avoir enfreint un article de l'une des lois
sur la presse, et je fus conséquemment assigné
à comparaître devant le tribunal de police correctionnelle de Nantes. Le jour de l'audience,
je vis M. Tronson, l'un de mes juges, qui n'était
point encore juge-d'instruction, se déporter
pour cause de parenté ; je trouvai cela tout
naturel. Depuis ce temps, M. Tronson fut
nommé juge-d'instruction en remplacement de
M. D'Haveloose qui rentra au nombre des juges-
siégeants. Lorsque je fus poursuivi sur la
plainte de M. le lieutenant-général comte de
Despinois, pour le compte rendu de l'affaire
du Bouffai dont j'ai déjà parlé, je reçus d'abord
un mandat pour comparaître devant M. le
juge-d'instruction ; j'obéis à cet ordre, et je
me rendis au palais, où je fus interrogé par
M. Tronson qui remit l'affaire à la chambre du
conseil. Cette chambre s'assembla : après avoir
examiné les pièces, elle crut devoir me mettre
en prévention ; et je fus renvoyé devant le tribunal de police correctionnelle. Il en fut de
même pour l'affaire du Port-au-Vin.

Je reçus plusieurs autres fois des mandats
de comparution ; la plupart d'entre eux n'eurent
aucune suite.

Mais quel fut mon étonnement, lors des
deux dernières affaires pour lesquelles j'ai été

condamné, de voir que je recevais assignation devant le tribunal de police correctionnelle, sans avoir préalablement reçu de mandat de comparution ! Quelques jours avant de me constituer prisonnier, je me rendis chez M. le procureur du roi pour le prévenir que j'étais prêt à subir ma condamnation; et je soumis mes observations, sur cette matière, à ce magistrat qui voulut bien me répondre que, pour instruire les affaires de ce genre, le juge chargé de cette fonction, n'avait pas toujours besoin d'interroger celui qui était accusé, et qu'il pouvait faire son rapport à la chambre du conseil, d'après le seul examen qu'il avait fait des pièces.

Les deux affaires pour lesquelles je n'ai point reçu de mandat de comparution, sont les suivantes.

La première, et la moins importante, me fut intentée sur la plainte de M. le commissaire de police Segrestan. Un mécanicien fut arrêté chez M. Dabadie, rue Keller; on me fournit un article qui rendait compte de cette arrestation et qui accusait M. le commissaire de police Segrestan d'avoir commis des violences sur la personne dont il devait s'assurer. M. le commissaire de police porta plainte contre *l'Ami de la Charte*; et, comme éditeur responsable de ce journal, je fus condamné à cent francs d'amende. L'auteur de l'article incriminé ne comparut point, et je payai seul l'amende et les frais.

Voici le texte du jugement rendu par le tribunal de police correctionnelle, et dont je ne crus pas devoir appeler :

Le tribunal, après avoir entendu l'exposé de l'affaire, la lecture du procès-verbal, le prévenu dans son interrogatoire et ses moyens de défense, son avocat dans ses conclusions, Monsieur le substitut du procureur du roi dans les siennes, et après avoir délibéré ;

Attendu que les faits imputés au commissaire de police Segrestan, dans le numéro du vendredi dix-sept novembre dernier, du journal *l'Ami de la Charte*, dont est propriétaire et éditeur responsable le sieur Victor Mangin, sont de nature à porter atteinte à l'honneur et à la considération de cet officier de police judiciaire; qu'on lui reproche en effet d'avoir, dans l'ignorance et au mépris de la loi du vingt-huit germinal an six, usé de rigueurs inutiles envers un prévenu qu'il était chargé d'arrêter, d'avoir même exercé des violences à son égard, en lui arrachant ses lunettes, et enfin de lui avoir dit des injures ;

Attendu que ces imputations ont tous les caractères de la diffamation, et que c'est pour des faits relatifs à ses fonctions d'agent de l'autorité publique que le sieur Segrestan a été l'objet de cette diffamation ;

Attendu toutefois qu'il paraît qu'en publiant l'article inculpé, le sieur Mangin n'a été mû par aucun ressentiment particulier, ni par aucun motif personnel ; qu'il a dû même rester étranger à sa rédaction, et n'en avait permis l'insertion dans son journal, que pour avoir indistinctement et mal-à-propos pris confiance dans des rapports inexacts ; rapports d'ailleurs dont il ne pouvait en aucun cas être admis à prouver par témoins la vérité ;

Attendu que ces dernières circonstances, qui semblent devoir faire écarter les préventions de mauvaise foi et de pure méchanceté, laissent à la justice la faculté de n'appliquer que l'une des peines prononcées par la loi ;

» Vu les articles treize, seize de la loi des dix-sept mai mil huit cent dix-neuf, et cent quatre-vingt-quatorze du code d'instruction criminelle, desquels le président a donné lecture à l'audience et qui sont ainsi conçus :

« Article treize : Toute allégation ou imputation d'un fait qui porte atteinte à l'honneur et à la considération de la personne ou du corps auquel le fait est imputé, est une diffamation.

» Toute expression outrageante, terme de mépris ou invective, qui ne renferme l'imputation d'aucun fait, est une injure.

» Article seize : La diffamation envers tout dépositaire ou agent de l'autorité publique, pour des faits relatifs à ses fonctions, sera punie d'un emprisonnement de huit jours à dix-huit mois, et d'une amende de cinquante francs à trois mille francs.

» L'emprisonnement et l'amende pourront, dans ce cas, être infligés cumulativement ou séparément, selon les circonstances.

» Article cent quatre-vingt-quatorze : Tout jugement de condamnation rendu contre le prévenu ou contre les personnes civilement responsables du délit, ou contre la partie civile, les condamnera aux frais même envers la partie publique.

» Les frais seront liquidés par le même jugement. »

Condamne le sieur Mangin à cent francs d'amende et aux dépens liquidés à la somme de trois francs quinze centimes, dont soixante-dix centimes pour timbre , et un franc dix centimes pour enregistrement, non compris le coût et la signification du présent jugement, qui sera exécuté en premier ressort, suivant la loi.

Jugé et prononcé ledit jour, dix janvier mil huit cent vingt-sept.

Signé P. D'HAVELOOSE, J. A. A. MAISONNEUVE, BRUNEAU DE LA SOUCHAIS et J. BRETONNIÈRE.

Venons maintenant à la seconde affaire.

Dans mon numéro du 18 mai dernier, j'ai inséré un article signé L., qui rendait compte d'une brochure que l'on venait de publier à Paris et qui avait pour titre : *Épître à Monsieur le comte de Montlosier, suivie de chansons sur le séjour des missionnaires à Brest, par M. Alexandre Bouet.* L'auteur de cet article en avait cité quelques passages. L'une des citations et l'un des passages de l'article motivèrent les poursuites qui furent dirigées contre moi : j'étais prévenu d'un double délit, ainsi qu'on va le voir.

Le 17 juillet suivant, au soir, je reçus mon assignation pour comparaître le 21 du même mois devant le tribunal de police correctionnelle de Nantes.

Je comparus donc devant mes juges. Mon interrogatoire fut fort court : après m'avoir fait dire mes nom, prénoms et demeure, M. le président me demanda si j'étais l'éditeur responsable de *l'Ami de la Charte* ; sur ma réponse affirmative, ce magistrat m'invita à exposer mes moyens de défense, et alors mon avocat prit la parole.

Je fus surpris de la briéveté de mon interrogatoire ; j'éprouvai même quelque étonnement de ce qu'on ne me demandait point si j'avouais l'article incriminé, ou quel était son auteur. Je ne l'aurais pas désigné ; mais toutes les fois que j'ai été poursuivi comme éditeur responsable, ces informations ont été prises à l'audience.

Un instant de tristesse s'empara alors de mon âme : comment, disais-je en moi-même, serai-je éternellement victime de mon dévouement ! Et pourquoi la justice semble-t-elle vouloir toujours me frapper ! Mais, père d'une nombreuse famille, je ne devais point me laisser aller au désespoir ; je repris donc bientôt ma force et mon courage, et je résolus de résister à l'orage qui me menaçait. J'avais d'abord relu avec soin les lois que l'on pouvait m'appliquer ; et, pour me trouver heureux d'une condamnation quelconque, je me disais à part moi : tout ce que tu auras en moins du *maximum* de la peine, tu pourras le considérer comme gagné. Dans tous les événements importants, j'use de cette consolante philosophie : je ne considère jamais le beau côté ; ce qui peut m'arriver d'heureux est à mes yeux un coup extraordinaire du hasard ; j'examine au contraire toutes les chances défavorables, je me prépare à la plus pénible, et ce que d'autres regarderaient comme un malheur extrême, fait souvent ma félicité. Dans ce monde, tout est relatif : c'est ainsi qu'un soldat à qui un boulet vient d'enlever un bras, ou une jambe, manifeste hautement sa joie de ce que le même coup ne lui ait pas emporté la tête.

Qu'on se garde bien de croire que mon intention soit de manquer ici au respect dû à la chose jugée ; ce n'est et ce ne fut jamais mon dessein : je crois fermement que les juges qui m'ont condamné, soit en première instance soit en seconde, n'ont suivi que la voix de leur conscience, et que c'est toujours leur conviction intime qui a prononcé. *Errare humanum est.*

J'ai rendu compte, dans *l'Ami de la Charte* des 23 et 29 juillet, des audiences du tribunal de police correctionnelle de Nantes, dans lesquelles l'affaire de *l'Épître à M. le comte de Montlosier* a été plaidée et jugée ; je ne crois pouvoir mieux faire que de rapporter ici ces articles :

TRIBUNAL DE POLICE CORRECTIONNELLE
DE NANTES.

Audience du 21 Juillet 1827.

A dix heures l'audience est ouverte : M. Victor Mangin, éditeur du journal intitulé *l'Ami de la Charte*, prévenu : 1º *d'avoir outragé la religion de l'Etat ; 2º d'avoir cherché à troubler la tranquillité publique en excitant le mépris ou la haine contre une classe de personnes, le clergé de France*; M. Mangin, assisté de son défenseur, s'est présenté seul devant le tribunal de police correctionnelle.

Après plusieurs affaires qui devaient avoir la priorité, on appelle celle de *l'Ami de la Charte*.

M. Papin, président du tribunal civil de première instance, occupait le fauteuil, M. Donequer de T'Servelofs, substitut de M. le procureur du roi, remplissait les fonctions du ministère public ; ce magistrat a commencé la cause par lire l'article incriminé : cet article inséré dans le nº du 18 mai dernier, était signé L., et n'était conséquemment point du rédacteur - éditeur de ce journal ; il avait pour titre : *Epître à M. le comte de Montlosier, suivie de chansons sur le séjour des missionnaires à Brest, par M. Alex. Bouet.*

Les vers de M. Alexandre Bouet, sous le titre précité, se vendent à Paris, chez Ponthieu, libraire, et chez tous les marchands de nouveautés. Ils se répandent bientôt dans la province. Un ami de l'auteur prie un homme connu à Nantes par ses talents et par le rang honorable qu'il tient dans la société, de faire un article sur l'Epître adressée à M. le comte de Montlosier, et cet article est remis au rédacteur de *l'Ami de la Charte*, qui l'insère dans son nº 1428.

M. Demangeat s'attache à prouver qu'il n'y a dans l'article incriminé aucune espèce de délit : l'ouvrage de M. Alex. Bouet n'ayant point été poursuivi, le rédacteur de *l'Ami de la Charte* a pu, sans crainte, en publier une analyse où l'on en faisait quelques citations.

Le ministère public soutient qu'il y a délit principalement sous le rapport du second chef d'accusation, qui consiste *à avoir cherché à troubler la tranquillité publique, en excitant le mépris ou la haine des citoyens contre le clergé de France :* M. le substitut de M. le procureur du roi relit et analyse les deux passages incriminés. Quant au premier chef (*avoir outragé la religion de l'État*), le ministère public ne voit pas la culpabilité aussi manifeste, il s'en rapporte à cet égard à la sagesse du tribunal. Les conclusions prises contre M. Victor Mangin, sont quinze jours de prison et 200 fr. d'amende.

En réplique, M. Demangeat donne, des passages incriminés, une interprétation grammaticale tout-à-fait favorable au prévenu, et il prouve qu'il n'y a rien de général ni dans la brochure ni dans l'article de *l'Ami de la Charte.*

Les plaidoiries étant terminées, le tribunal renvoie à huitaine pour prononcer le jugement.

Audience du 28 Juillet 1827.

Avant de lire le texte du jugement, M. le président a rappelé à l'auditoire que dans le temple de Thémis toute marque d'approbation ou d'improbation est sévèrement interdite.

« Le tribunal, après avoir entendu l'exposé de l'affaire, la lecture de l'article incriminé, le prévenu dans son interrogatoire et ses moyens de défense, son défenseur dans ses conclusions, Monsieur le substitut du procureur du roi dans les siennes, et après en avoir délibéré :

» Considérant que deux passages de l'article inséré dans le journal qui s'imprime en cette ville, sous le titre de *l'Ami de la Charte*, numéro mille quatre cent vingt-huit, feuille du dix-huit mai mil huit cent vingt-sept, paraissent devoir plus particulièrement fixer l'attention du tribunal, se trouvant placé au bas de la troisième colonne de la première page, commençant par ces mots : *le clergé était tranquille*, et finissant par ceux-ci, qui forment le commencement du deuxième feuillet, *a disparu sous celle des prêtres.*

» L'autre se lisant dans la première colonne du deuxième feuillet, commençant par ces mots : *Il dit, en parlant du pouvoir des prêtres*, et finissant par ceux-ci, *et l'écharpe humblement disparaît sous l'étole.*

» En ce qui concerne le premier de ces passages,

» Considérant que l'on y reproche clairement au clergé de s'être laissé inspirer un esprit d'ambition, de suprématie et d'envahissement, dont l'auteur de l'écrit incriminé prétend trouver la preuve dans la position respective, telle qu'il se la figure, des fonctionnaires de l'administration municipale et des ecclésiastiques ;

» Qu'une telle imputation tend à exciter le mépris ou la haine des citoyens contre une classe de personnes ; qu'elle doit inévitablement avoir pour résultat de troubler la paix publique, et que cette conséquence est trop manifeste pour qu'il soit possible de supposer des vues innocentes à l'éditeur ou à l'imprimeur qui permet l'insertion, dans son journal, d'un article contenant ainsi une imputation calomnieuse adressée d'une manière générale aux membres du sacerdoce ;

» En ce qui concerne le deuxième passage, qui doit être un extrait d'un ouvrage en vers intitulé Épître à Monsieur le comte de Montlosier,

« Considérant que les prêtres, expression qui, d'après le sens général de l'article, ne peut s'entendre que du clergé français, y sont désignés sous le titre d'*imans imposteurs*; que bientôt après, l'auteur du poëme leur reproche leur avidité, et énonce la pensée que sans croire eux-mêmes au dogme de la vie future, ils le présentent comme un appât à la crédulité, se réservant pour eux les biens et les jouissances de la vie présente;

» Que la publication d'imputations de cette nature offre tous les caractères du délit déjà constaté ci-dessus, ceux d'une diffamation envers un corps constitué, et enfin ceux du délit d'outrage envers la religion de l'état, que l'auteur de la pièce de vers dont il s'agit, dans le passage soumis à l'examen du tribunal, accuse d'imposture, quand il appelle ses ministres des *imans imposteurs*, quand il leur reproche de s'être *faussement revêtus du titre de pasteurs*, quand il prétend enfin qu'*ils laissent aux sots le royaume des cieux*;

» Considérant que le surplus du passage en question, n'est qu'un tableau d'imagination, dans lequel on présente tous les membres du clergé, quel que soit leur rang dans la hiérarchie ecclésiastique, comme animés du même esprit de domination, s'arrogeant partout le pouvoir, substituant partout leur autorité à celles des fonctionnaires de l'ordre administratif, et les asservissant à leur volonté;

» Que la publication de ce tableau mensonger constitue encore les délits prévus par les articles cinq et dix de la loi du vingt-cinq mars mil huit cent vingt-deux;

» Que l'on doit donc reconnaître que le prévenu en publiant, par la voie de l'impression, les passages dont il s'agit, a cherché à troubler la paix publique, en excitant le mépris ou la haine des citoyens contre une classe de personnes; qu'il s'est rendu coupable de diffamation envers un corps constitué, et qu'il a outragé la religion de l'état;

délits prévus et repris par les articles dix, cinq et premier
de la loi du vingt-cinq mars mil huit cent vingt-deux;

» Considérant que quand il serait vrai, ce que le tribunal
n'a pas à examiner, que l'auteur de l'Epître en vers au
comte de Montlosier eût consigné en certains endroits
de cette production, des expressions qui annonceraient
de sa part du respect pour la religion et pour ses ministres en général, il n'en résulterait pas, d'une part,
que les réflexions en prose insérées dans le journal dé-
noncé par le ministère public, fussent exemptes de blâme,
et, d'un autre côté, que l'extrait de cette Epître, cité par
l'auteur des réflexions, ne réunit pas dans l'état d'isolement
où on le présente, tous les caractères de culpabilité si-
gnalés ci-dessus, quand aucun correctif n'y a trouvé place,
quand il n'exprime que des généralités sans exceptions, et
quand surtout on a pris soin de faire précéder le passage
en vers, de cette explication : *il dit en parlant du pouvoir
des prêtres;*

» Considérant au surplus, qu'aux termes des articles neuf
et dix de la loi du neuf juin mil huit cent dix-neuf,
et treize de celle du vingt-cinq mars mil huit cent vingt-
deux, les éditeurs responsables des journaux sont, à
raison des articles dangereux et coupables qu'ils y ont
laissé insérer, punis des mêmes peines que les auteurs de
ces articles;

» Considérant que le prévenu Victor Mangin s'est déclaré
éditeur responsable du journal publié à Nantes sous le
titre d'*Ami de la Charte.*

» Par ces motifs :

» Vu les articles premier, cinq, dix, treize de la loi du
vingt-cinq mars mil huit cent vingt-deux, neuf et dix de
la loi du neuf juin mil huit cent dix-neuf, premier de la

loi du dix-sept mai même année et cent quatre-vingt quatorze du code d'instruction criminelle, dont le président a donné lecture à l'audience, et qui sont ainsi conçus :

« Article premier de la loi du vingt-cinq mars mil huit cent vingt-deux : Quiconque par l'un des moyens énoncés en l'article premier de la loi du dix-sept mai mil huit cent dix-neuf aura outragé ou tourné en dérision la religion de l'état, sera puni d'un emprisonnement de trois mois à cinq ans et d'une amende de trois cents francs à six mille francs.

» Les mêmes peines seront prononcées contre quiconque aura outragé ou tourné en dérision toute autre religion dont l'établissement est également reconnu en France.

» Article cinq de la même loi : La diffamation ou l'injure par l'un des mêmes moyens, envers les cours, tribunaux, corps constitués, autorités ou administrations publiques, sera punie d'un emprisonnement de quinze jours à deux ans et d'une amende de cent cinquante francs à cinq mille francs.

» Article dix de la même loi : Quiconque par l'un de moyens énoncés en l'article premier de la loi du dix-sept mai mil huit cent dix-neuf aura cherché à troubler la paix publique, en excitant le mépris ou la haine des citoyens contre une ou plusieurs classes de personnes, sera puni des peines portées en l'article précédent.

» Article treize de la même loi : L'article dix de la loi du neuf juin mil huit cent dix-neuf est commun à toutes les dispositions du présent titre, en tant qu'elles s'appliquent aux propriétaires ou éditeurs d'un journal ou écrit périodique.

» Article neuf de la loi du neuf juin mil huit cent dix-neuf : Les propriétaires ou éditeurs responsables d'un journal ou écrit périodique , ou auteurs ou rédacteurs d'articles imprimés dans ledit journal ou écrit, prévenus de crimes ou délits, pour fait de publication, seront poursuivis et jugés dans les formes , et suivant les distinctions prescrites à l'égard de toutes les autres publications.

» Article dix de la même loi : En cas de condamnation, les mêmes peines leur seront appliquées ; toutefois les amendes pourront être élevées au double, et, en cas de récidive , portées au quadruple, sans préjudice des peines de la récidive prononcées par le code pénal.

» Article premier de la loi du dix-sept mai mil huit cent dix-neuf : Quiconque soit par des discours , des cris ou menaces proférés dans des lieux ou des réunions publics, soit par des écrits, des imprimés , des dessins, des gravures , des peintures ou emblèmes vendus ou distribués et mis en vente ou exposés dans des lieux ou réunions publics, soit par des placards et affiches exposés aux regards du public, aura provoqué l'auteur ou les auteurs de toute action qualifiée crime ou délit à la commettre , sera réputé complice et puni comme tel.

» Article cent quatre-vingt-quatorze : Tout jugement de condamnation rendu contre le prévenu ou contre les personnes civilement responsables du délit ou contre la partie civile , les condamnera aux frais même envers la partie publique.

» Les frais seront liquidés par le même jugement. »

Condamne Charles - Victor - Amédée Mangin en trois mois d'emprisonnement , trois cents francs d'amende et aux dépens.

Signé PAPIN , P. D'HAVELOOSE , LELASSEUR , LEBAERZE DE CREAMBLAY , A. J. BRETONNIÈRE.

Après le prononcé, M. le président a bien voulu me prévenir que j'avais dix jours pour en appeler devant la cour royale de Rennes, si je le croyais nécessaire. En sortant de l'audience, je me suis rendu au greffe où j'ai de suite formé mon appel.

M. Kermasson, l'un des avocats les plus distingués du barreau de Nantes, a toujours défendu *l'Ami de la Charte* dans les affaires qui lui ont été suscitées. Au nombre de ces différentes causes, il s'en trouvait de très-épineuses et qui pouvaient avoir pour moi les plus graves conséquences ; mais, profondément versé dans la jurisprudence, doué d'un coup d'œil sûr et d'une éloquence entraînante, M. Kermasson a su me garantir des coups que je redoutais le plus. En témoignant ici publiquement ma gratitude à mon estimable défenseur, je dois également remercier M. Kermasson de la délicatesse qu'il a mise dans toutes les relations que nous ayons eues emsemble. Cet éloge ne surprendra personne : le caractère et les talents de M. Kermasson sont généralement connus et appréciés.

Au moment où je recevais l'assignation du 17 juillet, M. Kermasson était absent de Nantes ; j'allai trouver M. Demangeat, homme d'une haute instruction, et que l'on place également au rang de nos premiers jurisconsultes. M. Demangeat accepta ma défense : sa plaidoirie bien entendue, pleine de raison et semée de traits spirituels, était surtout forte de dialectique. Dans la réplique, M. Demangeat s'est surpassé : il a produit sur l'auditoire une vive impression.

En rendant ce double hommage, j'acquitte le devoir de la reconnaissance, et je satisfais au besoin de mon cœur.

Il me fallut donc aller à Rennes, pour comparaître devant la cour royale. On sait que les appels d'affaires de ce genre sont jugés en audience solennelle par la première chambre des appels civils et la chambre des appels de police correctionnelle, réunies.

A mon arrivée, mon premier soin fut d'aller voir mon défenseur : M. Grivart est un homme plein d'esprit et d'érudition, et que l'on met sur la même ligne que MM. Gaillard-Kerbertin et Bernard aîné. Dans une affaire de la nature de celle que je lui avais confiée, après avoir bien examiné la cause dans le silence du cabinet, M. Grivart plaide d'abondance, et se laisse entraîner par l'influence qu'une conviction intime prend toujours sur nos sens : sa plaidoirie, tantôt pétillante de cette malice qui malgré soi-même excite le sourire, tantôt pleine de force et de raison, s'élève parfois jusqu'au sublime, et des étincelles d'un génie inspirateur viennent tout-à-coup faire briller au milieu de l'assemblée une lumière aussi vive qu'inattendue; son organe, naturellement doux et persuasif, devient noble, sonore et imposant, quand son âme brûlante anime une pensée élevée.

J'ai remarqué qu'auprès d'un mal il y avait toujours quelque bien : si les procès que mon *Ami de la Charte* m'a causés m'ont été funestes sous différents rapports; s'ils m'ont à diverses reprises occasioné la perte de ma liberté individuelle, je leur dois en compensation l'avantage d'avoir plus particulièrement connu MM. Kermasson, Demangeat, Gaillard-Kerbertin, Bernard et Grivart, dont l'honorable amitié m'est si précieuse. Cet inappréciable avantage est à mes yeux bien au-dessus du mal que j'ai pu éprouver : la captivité a son terme, les coups de la fortune peuvent se réparer, tandis que la bienveillance et l'affection de tels hommes sont un bonheur durable, un trésor que tout le monde ne peut pas posséder et que tout le monde envie.

Il ne me reste plus, pour terminer la partie historique de mes procès, qu'à donner au lecteur quelque idée de l'audience de la cour royale de Rennes dans laquelle a été jugé et plaidé mon appel.

Je vais encore ici emprunter à *l'Ami de la Charte* une partie du compte rendu de l'audience de la cour royale. Cet article devait être inséré en entier dans le numéro du 26 août dernier, mais MM. Joseph de Bouteiller et Alphonse de Contensin, membres de la commission de censure de Nantes (4), en ayant retranché plusieurs passages, il n'a paru que mutilé : j'ai eu soin de guillemetter ici ces passages.

Le *Courrier Français* du 26 août dernier a publié, du plaidoyer de M. de Kermarec, avocat-général, un extrait plus satisfaisant que celui de *l'Ami de la Charte* ; aussi m'empressé-je de le substituer au mien. Quant au plaidoyer de M⁵ Grivart, l'analyse qu'on en va lire ne peut en donner qu'une idée imparfaite.

COUR ROYALE DE RENNES.

AUDIENCE DU LUNDI 27 AOUT 1827.

Présidence de M. Dupont-des-Loges, premier président.

A dix heures, l'audience est ouverte dans la grand'salle ; douze juges composent la cour.

M. *Victor Mangin*, éditeur responsable et rédacteur principal de *l'Ami de la Charte*, avait été condamné le 28 juillet dernier, par le tribunal de police correctionnelle de Nantes, à trois mois de prison et à 300 francs d'amende, pour avoir, par l'insertion dans son numéro du 18 mai dernier, d'un article intitulé : *Epître à M. le comte de Montlosier, suivie de chansons sur le séjour des missionnaires à Brest, par M. Alexandre Bouet,* 1° outragé la religion de l'état ; 2° cherché à troubler la

3

tranquillité publique en excitant le mépris et la haine des citoyens contre le clergé de France.

Après un court interrogatoire du prévenu, M. le président accorde la parole à M° Grivart, défenseur de *l'Ami de la Charte*.

M° Grivart commence par faire sentir l'importance de la cause ; simple en apparence, elle se rattache aux plus hauts intérêts de la patrie : comme l'a dit cet orateur, le grand nombre d'auditeurs venus pour l'écouter, n'ont été entraînés que par la vive sollicitude qu'inspire à tous les français la conservation de la plus précieuse de nos libertés : la liberté de la presse.

M° Grivart, attaquant les considérants du jugement de première instance, démontre que l'on ne doit pas séparer la cause de l'auteur de l'*Epître à M. de Montlosier*, de celle de l'article incriminé, et que si M. Alexandre Bouet n'a point été jugé coupable, puisqu'il n'a été l'objet d'aucune poursuite, *l'Ami de la Charte* ne peut pas l'être : il s'attache donc à prouver d'abord que l'Epître à M. le comte de Montlosier ne renferme rien de condamnable.

Abordant ensuite la discussion, il dit que dans l'Epître l'auteur n'avait point outragé la religion, et qu'il avait au contraire professé pour elle le plus grand respect ; cette assertion résulte en effet de l'ensemble de l'Epître même.

L'avocat, appuyant son opinion de citations, donne d'abord lecture des vers suivants :

> Car tu n'attaques point le prêtre respectable
> Qui, du Christ parmi nous successeur véritable,
> Comme lui met sa force en son humilité,
> Sert, console et bénit la triste humanité,
> Et de qui la douceur, comme la bienfaisance,
> Révèlent du Très-Haut l'invisible présence !

Telle est la profession de foi de l'auteur de l'Epître à M. le comte de Montlosier : il aime la religion, il en reconnaît tous les dogmes ; il n'a donc point pu concevoir l'idée d'outrager la religion de l'état.

Mais quelle a donc été sa pensée ? Il a seulement voulu combattre ceux qui, de différentes manières, prétendent méconnaître les libertés de l'église gallicane ; et il les a divisés en deux classes.

Peu après les vers que vient de citer. l'orateur, M. Alex. Bouet dirige ses premiers traits contre les jésuites :

« D'abord, tu fais paraître à nos regards surpris
» Ces fils de Loyola, vainqueurs encor proscrits,
» Qui, bravant mille arrêts, indestructible race,
» Ainsi que leur faveur exploitent leur disgrâce. »

La présence des jésuites est patente et manifeste ; la chambre haute elle-même l'a reconnu et a demandé leur expulsion par le renvoi de la pétition de M. de Montlosier aux ministres. Leur histoire parle plus haut que tout ce qu'on pourrait dire.

La seconde classe qu'a eu en vue l'auteur de l'*Epître*, est celle des *ultramontains* ; « c'est ainsi qu'il les décrit :

» Plus dévoués encore au joug du Vatican,
» Que tous les ennemis du dogme gallican,
» Qui même pour leur roi demandent des entraves,
» Et ne voient ici bas que Rome et des esclaves.
» Janissaires du pape, à son vaste pouvoir
» Ils soumettent le sceptre ainsi que l'encensoir,
» Et changeraient bientôt, s'ils en tenaient les rênes,
» Tous nos départements en provinces romaines. »

Vouloir soumettre en tout point l'église gallicane au joug de Rome, c'est méconnaître la déclaration mémorable de 1682, c'est vouloir violer les libertés de l'église gallicane.

D'un autre côté, les jésuites et les ultramontains n'ont point d'existence légale en France ; on ne commet aucune espèce de délit en les attaquant. Si l'on eût pu exercer des poursuites de ce genre, les ouvrages du courageux Montlosier eussent été déférés aux tribunaux.

En troisième lieu, et nous arrivons ici aux vers incriminés, l'auteur de l'Epître a lancé ses critiques contre les mauvais prêtres, « contre les Mingrat, uniquement contre » ceux qui, déshonorant leur sacré caractère, sont faus-» sement revêtus du titre de pasteurs :

> » Craignons plutôt, craignons ces imans imposteurs,
> » Faussement revêtus du titre de pasteurs,
> » De qui le zèle ardent, bien moins pourtant qu'avide,
> » De la religion nous fait une cuménide,
> » Et qui, laissant aux sots le royaume des cieux,
> » L'échangent au rabais pour ces terrestres lieux. »

Ces vers ne se dirigent en effet que contre le petit nombre des membres du clergé qui manquent à leur divine vocation. La preuve de cette assertion se trouve d'abord dans la tournure grammaticale de la phrase, et ensuite dans les vers qu'on lit plus bas :

> Oui, voilà, Montlosier, la triste vérité :
> Ma bouche ose la dire avec ta probité,
> Non que des sons aigus de mon sifflet laïque
> Je veuille ici flétrir la robe évangélique ;
> Loin d'attaquer du ciel le ministre éprouvé,
> Je le respecte, l'aime, et mes chants l'ont prouvé.

En effet, ses chants l'ont prouvé, car il a commencé par chanter le prêtre respectable qui est le véritable successeur du christ.

Ainsi tout est dit, tout est reconnu ! Peut-on commettre le délit d'outrage à la religion, lorsque l'on se plaît à reconnaître toutes les vérités du christianisme ? Peut-on chercher à exciter le mépris et la haine contre le clergé, en reconnaissant la sainte mission dont les prêtres sont revêtus ?

Mais lors même que les vers pourraient être incriminés, la citation qu'on en a faite serait-elle coupable ? eh non ! Les a-t-on commentés ? non, non ! On a dit seulement qu'ils ne manquaient ni de facilité ni de sel.

Mais bien plus ; d'autres vers de l'*Epître à M. le comte de Montlosier* ont été imprimés dans *l'Ami de la Charte* du 18 mai.

Après avoir décrit les lieux où se trouve une antique église, M. Alexandre Bouet s'exprime ainsi :

> La mort bravant des lois la sagesse inutile,
> Au milieu des vivants conservait son asile,
> Et son souffle, de l'air souillant la pureté,
> D'un éternel danger menaçait leur santé.
> C'est peu ; quand revenait la fête patronale,
> Le peuple envahissait l'enceinte sépulcrale,
> Et d'un séjour sacré profanant le repos,
> Riait, chantait, buvait, dansait sur des tombeaux.
> Sur le lierre aux cent bras, l'œil voyait avec peine
> Du clocher se noircir la tête aérienne ;
> Et le temple si fier de l'or de ses lambris
> En perdait chaque jour quelques restes flétris.

Ainsi, on réclame le respect pour les morts, on ne veut pas que l'enceinte du repos soit profanée, et on manifeste le vœu de voir le temple du Seigneur jouir de la splendeur qui convient à notre culte ! ... Est-ce donc là outrager la religion ?

M⁕ Grivart conclut à l'acquittement du prévenu.

M. de Kermarec, avocat - général, après avoir proclamé que la liberté de la presse doit faire désormais partie du pacte social de toutes les nations, et que c'est le droit le plus précieux comme le plus cher à tous les français ; après avoir rappelé que la magistrature, cette colonne de nos institutions, tant qu'elle sera indépendante, est chargée du soin de la maintenir dans toute son intégrité, et que la répres-

sion de ses abus, exercée suivant la loi et par les magistrats, fera toujours un effet plus salutaire que celle que
l'on pourrait attribuer au caprice, aborde l'examen de
l'article incriminé.

Il écarte d'abord de la cause les passages en prose que
le tribunal de première instance avait trouvés coupables,
et il réduit toute la prévention à une citation de six vers,
dans laquelle il trouve le délit de diffamation contre le clergé,
attendu que ce passage s'applique à tous les prêtres, et
comme on l'a dit, aux jésuites, dont la présence dans
l'état, dit M. l'avocat-général, est une infraction aux
lois.

Il soutient également que ces six vers tendent à troubler
la paix publique en excitant à la haine et au mépris d'une
classe de personnes. Quant à l'outrage envers la religion,
M. l'avocat-général combat les considérants du tribunal de
Nantes. Il conclut à l'infirmation du jugement sur ce chef,
et s'en rapporte à la sagesse de la cour pour la fixation de
la peine.

Mᵉ Grivart, dans sa réplique, après avoir rendu un juste
hommage aux principes proclamés par M. l'avocat-général,
sur le droit d'écrire et de penser, convient avec lui que
la licence doit être réprimée. Il reproduit ensuite, sous un
jour nouveau, ses premiers arguments, et il persiste à soutenir que l'article ne s'applique pas au clergé en général.

Pour démontrer davantage le respect que le prévenu pro-
fesse pour la religion et pour ses dignes ministres, l'avocat
donne lecture d'un article nécrologique inséré dans *l'Ami
de la Charte* du 15 juin, et dans lequel il rend un éclatant
hommage aux vertus et au caractère de M. Honoré-Mathurin
Guibert, curé de la paroisse de Saint-Jacques, décédé le
10 juin 1827. Il fait observer à la cour que la publication
de cet article est postérieure à celle de l'article incriminé,

et antérieure au commencement des poursuites dirigées contre M. *Victor Mangin.*

M⁰ Grivart termine par une image ingénieuse que nous craindrions d'affaiblir en la rapportant ici : la liberté de la presse, a-t-il dit ensuite, est inébranlable, et tous les efforts que l'on pourrait faire pour la détruire ne prévaudront jamais contre elle.

La cour, après un délibéré de trois heures, a rendu son arrêt à peu près en ces termes :

« Attendu que l'article incriminé, quelque répréhensible qu'il soit, ne constitue pas le délit d'outrage envers la religion ;

» Considérant aussi qu'il renferme les caractères d'une diffamation envers le clergé, et qu'il est de nature à troubler la paix publique, excitant au mépris et à la haine d'une classe de personnes ;

» Dit qu'il a été mal jugé en ce que l'appelant aurait été déclaré coupable d'outrage envers la religion de l'état ;

» Émendant et modifiant la peine infligée, condamne ledit *Mangin* à un mois de prison et à 150 fr. d'amende, le surplus du jugement sortant son plein et entier effet, le condamne en outre aux dépens. »

L'auteur de l'article qui m'a valu cette condamnation a eu soin de me couvrir des frais qui en ont été la conséquence : pendant mon séjour à Rennes, il m'a envoyé tous les fonds dont j'avais besoin, il a soldé mes dépenses de prison, et il s'est chargé de payer l'amende ainsi que les frais judiciaires. Je ne dois pas aller plus loin sans rendre ce juste hommage à la délicatesse de M. L.

De retour à Nantes, je me rendis chez M. le procureur du roi pour lui dire que j'étais à sa disposition ; mais il me fut impossible d'entrer en prison aussitôt que je l'aurais voulu : les pièces n'étant pas arrivées de Rennes, il me fallut attendre. Enfin, après quelques jours de délai, je fus autorisé à subir ma peine et je me rendis le **10** septembre **1827** au soir à la prison du Bouffai (5), où je fus écroué.

J'étais là en pays de connaissance : j'y avais déjà passé, comme je l'ai dit plus haut, soixante-dix jours consécutifs (j'y étais entré le 7 décembre 1822, et j'en étais sorti le 15 février 1823).

Pendant les quatre ans neuf mois et trois jours qui se sont écoulés entre mes deux captivités, Seminel, ancien concierge, est mort : il a été remplacé par François Marchais, ancien premier garçon. Les prisonniers ont beaucoup gagné à ce changement : Marchais est un homme d'un caractère doux ; naturellement sobre, et peu semblable à son prédécesseur, il est loin d'avoir comme lui ce que le garde-chasse d'*Adolphe et Clara* appelle les grâces de l'état. Tout ce qui n'est pas incompatible avec son devoir, on l'obtient facilement : c'est beaucoup pour un prisonnier d'avoir affaire à un homme d'un caractère sociable.

Dès mon arrivée, je m'empressai d'aller rendre mes hommages à la dame du lieu; c'est une jeune femme, d'un abord agréable. Son emploi ne laisse pas que d'être important; elle est chargée de la partie des vivres.

Le logement du concierge consiste dans trois pièces : la cuisine, qui donne sur une petite cour qui sert d'entrée à toutes les autres dont je parlerai plus bas; une fort belle chambre, placée à l'angle de l'édifice, donnant conséquemment sur le quai et sur la place du Bouffai; plus une petite chambre qui sert de magasin pour tout ce qui est débité aux prisonniers.

On m'a logé dans la même pièce que j'avais déjà occupée; elle donne sur la place du Bouffai. Sa dimension est de 20 pieds sur onze; on y trouve trois grands lits assez bien garnis : ce logement coûte 50 centimes par jour. Les prisonniers de la chambre ont la faculté de manger à la table du concierge, qui est convenablement servie : on y fait deux repas, le déjeûner, à dix heures du matin, et le dîner, à cinq heures de l'après-midi, moyennant 1 franc 50 centimes par repas.

Cet appartement était habité par deux autres prisonniers de simple police, qui me reçurent à bras ouverts : la connaissance fut bientôt faite; en prison l'on ne tient ni à l'étiquette ni aux cérémonies. Après quelques instants donnés à la conversation, je m'empressai de m'installer dans ma nouvelle demeure.

Si j'avais la plume du spirituel et savant auteur du *Voyage autour de ma Chambre,* je pourrais faire au moins vingt chapitres sur les objets qu'on y rencontre : le lit couleur de rose et blanc, remplacé par trois grandes couchettes à couvertures vertes, ouvrirait un nouveau champ à de nouvelles réflexions. Il aimait à méditer dans ce lit, entouré sans doute d'élégants rideaux ; les nôtres dépourvus de ce rempart offert à la pensée, n'inspirent dès le matin que le désir de les quitter :

Car que faire en ces lits, à moins que l'on y dorme !

Je pourrais faire une digression en faveur des couvertures vertes, l'espérance....... Ha oui, l'espérance, on a bien pensé à cela quand on en a fait l'emplète!... Et puis elles sont d'un vert bien sombre.

Au-dessus de chaque lit il y a deux tablettes, qui bien souvent sont tout à la fois la garde-robe, le secrétaire, la commode et le garde-manger de leur triste ou joyeux possesseur ; .... heureuses tablettes ! plus d'une fois vous avez recélé les tendres missives d'une beauté compatissante ! Plus d'une fois vous avez été couvertes des friandises qu'une attention toute féminine y faisait placer !... Quand le jeune R.... couchait dans cette chambre, vous avez aussi supporté les bouteilles de vin vieux qu'une gentille gouvernante dérobait à son patron sexagénaire pour les porter à son ami; une rose ou une pensée les accompagnait presque toujours, et comme nos tablettes ne sont pas essuyées trop souvent, peut-être une de ces fleurs y séjourne-t-elle encore ! peut être pourrait-on en faire un chapitre pareil à celui de la *Rose sèche* de M. T...

Entre les deux lits du fond est une petite fenêtre vitrée, qui donne, sans s'ouvrir jamais, sur le corridor commun à tous les gens de la maison. La décence ou tout autre motif, y a fait placer un rideau en cotonnade, autrefois bleu et blanc, maintenant gris, qu'on ne lave jamais dans la crainte sans doute qu'il ne devienne plus transparent par le frottement qu'exige cette opération; d'autres prétendent que plus blanc il pourrait ternir l'éclat des peintures : en 1822 il y avait aussi un rideau à la fenêtre qui donne sur la place, mais il paraît qu'il est tombé de vétusté, car il n'en reste aucun vestige : on fait très-bien de n'en point remettre, l'usage des rideaux est malsain, d'ailleurs ils favorisent la paresse, et la paresse est un péché.

On voit que je voyage d'une façon tout-à-fait irréguliere, puisque j'ai passé tout d'un coup d'un bout de la chambre à l'autre ; cela tient à la véhémence de mes idées, et puis je voulais finir le chapitre des rideaux.

Un morceau de toile peinte avec encadrement, garnit le côté droit de la chambre : c'est une imitation de ces belles tapisseries, orgueil de notre pays ; mais que dis-je, une imitation, c'est bien plutôt un modèle !... la manufacture des Gobelins, les ateliers de nos peintres les plus célèbres ne renferment sûrement rien de semblable ! Le temps qui détruit tout, a sensiblement altéré ce chef-d'œuvre, sans cela on pourrait le croire tout nouvellement fait ; les teintes bleuâtres et vaporeuses, si éminemment romantiques, y dominent tellement que la plupart des arbres mêmes y sont bleus.

Les personnages ..... Mais je passe rapidement sur les beautés de ce tableau pour ménager le plaisir de la surprise à ceux de mes lecteurs qui seront appelés au bonheur de le contempler.

J'ai dit que les tablettes servaient quelquefois de commode, j'ai eu tort ; cela était vrai dans le temps de ma première détention, mais par les soins du nouveau concierge, il en a été placé une en face de la porte. Je l'ai bien examinée, elle ne m'offre ni attraits ni souvenirs, je ne ferai point de chapitre sur la commode ; seulement je dirai que sur un petit coin de ce meuble, posé dans l'endroit le plus apparent, j'ai eu l'idée de mettre un petit coffre avec cette inscription au-dessus : *Tronc pour les prisonniers à la paille.* Chaque visiteur y dépose sa modeste offrande, sans se douter, hélas! des transports qu'elle causera le dimanche suivant aux malheureux dont elle deviendra le partage. Ce tronc doit rester après moi; je prie mes successeurs de le conserver : puisse-t-il long-temps encore faire répéter mon nom ! le concert de bénédictions du pauvre, quel qu'il soit, est le plus doux qu'on puisse jamais entendre.

J'ai revu avec une espèce de plaisir une petite table à écrire que j'avais fait apporter lors de ma première campagne ; j'en avais fait légataire M. Marchais qui dans le temps l'avait trouvée assez jolie; devenu le maître du lieu, il en a fait don à tous les habitants présents ou futurs de cette agréable demeure. Tout être renfermé, isolé des objets qui lui sont chers, doit avoir l'idée d'écrire : tu as donc été utile bien des fois , ô ma table ! Mais je l'espère, celui qui s'est approché de toi, celui dont la main a cherché ton appui pour exprimer ses pensées, n'a eu que des idées nobles et généreuses ; l'amour, oui le saint amour de la patrie a dû à l'instant pénétrer son âme : semblable aux talismans des enchanteurs et des fées, il me semble que tu dois produire cet effet.

Pour cette fois, ayant deux compagnons d'infortune, j'ai vu que cette table et même celle qu'on a mise de surcroît, ne suffisaient pas à nos besoins, et j'ai fait venir un secrétaire : c'est celui qui est habituellement dans ma chambre à coucher. Ho ! pour le coup, quand je suis, dès le matin, enfoncé dans mes idées, et que les yeux tournés directement en face j'écris sans regarder autour de moi, l'illusion est complète, je me crois au sein de ma famille ; il m'a semblé même entendre soupirer un de mes enfants ! ..... redoublons de précaution pour ne pas troubler son sommeil ? ...... Mais que dis-je, c'est moi, moi plutôt qu'il ne faut pas réveiller !

Le lendemain de mon arrivée, il me fallut aller au bureau de la prison où je trouvai le même commis qui m'avait inscrit lors de ma première détention ; il prit mon signalement. Il faut que quatre années aient changé la couleur de mes cheveux : en 1822, il les avait trouvés châtains, en 1827 il les a vus noirs. Rentré dans ma chambre, on me demanda si j'avais vu le *Figuriste ?* — Comment le *Figuriste ?* — Eh oui ! celui qui prend les signalements.

Il y a dans la seconde cour, un corps de logis composé de chambres hautes et de chambres basses, dans lesquelles sont établis treize lits ; c'est ce qu'on nomme la *Pistole*. Les prisonniers qui l'habitent paient 25 centimes par nuit.

Ma chambre, ou plutôt notre chambre, donne sur une grande pièce de 25 pieds sur 20, que l'on appelle la salle des *Pas-Perdus* ; elle est commune dans le jour, et aux prisonniers de la *Pistole* et à ceux de la chambre. Comme c'est-là qu'il nous est permis de nous promener, nous l'avons appelée le *Jardin*. Ce jardin donne sur le perron du palais, il est très-boisé comme on va le voir ; et le sol, que l'on arrose fréquemment de pleurs amers, en est néanmoins très-stérile : on n'y recueille pas même la consolante espérance !.....

Être séparé de ses concitoyens, être éloigné de sa famille et de ses affaires, et courir ainsi le risque d'éprouver des pertes bien supérieures à l'amende et à tous les frais que l'on a été condamné à payer, est déjà une peine bien rude ! la philanthropie voudrait sans doute que l'on cherchât à en alléger le poids : eh bien ! c'est tout le contraire ; on s'est fait un plaisir de chercher à l'aggraver ; voici comment :

Toutes les fenêtres sont ornées de barreaux en fer, placés en ligne verticale ; c'est tout naturel, une prison sans barreaux en fer serait un corps sans âme ; d'ailleurs, ces barreaux, d'un pouce carré, distants les uns des autres d'environ quatre pouces, pourraient bien ne pas empêcher de regarder ce qui se passe au dehors ni de jeter un coup d'œil sur la campagne ; mais on n'est pas en prison pour s'amuser, disait à Linguet le gouverneur de la Bastille, et l'on a bien su trouver le moyen de priver les prisonniers de ce petit agrément.

Il y a environ cinq années que l'on a fait cette précieuse découverte, et celui qui l'a imaginée n'a pas sollicité un brevet d'invention !... Il y a environ cinq années que l'on a pris une mesure qui afflige les malheureux détenus, et ses auteurs n'ont pas réclamé de récompense !... Il faut convenir ou qu'ils sont bien modestes, ou que de nos jours le zèle est bien mal payé !...

On a pu concevoir l'idée tout-à-fait turque, de placer en devant des barreaux en fer et jusqu'à la hauteur de sept pieds du sol, une espèce de jalousie immobile dont les barreaux en bois, très-rapprochés les uns des autres et placés horizontalement, contrastent sensiblement avec ceux en fer. Ce n'est pas tout : ces barreaux qui ont un pouce d'épaisseur et deux de largeur, sont arrangés diagonalement et portent le rayon visuel du captif de bas en haut. Le concierge Seminel, à qui

commandé d'établir cette machine diabolique, a
adouci autant qu'il était en lui la sévérité de cet
ordre, en ne faisant décrire à ces barreaux qu'une
ligne légèrement oblique au lieu de leur imprimer une direction presque perpendiculaire!...

Honneur et gloire aux illustres créateurs
de cette nouvelle sorte de vexation!.... ils ont
bien atteint le but qu'ils se proposaient.
Cardaillac et surtout Carrier (6), qui ont marqué
leur passage à Nantes par tant d'atrocités, avaient
négligé ce petit moyen, comme indigne
de leur génie : il est vrai de dire que les persiennes immobiles ne sont rien en comparaison
des actes qui leur ont acquis la plus odieuse
célébrité.

Si je parle avec quelque force de ces inutiles
persiennes, c'est qu'elles me gênent plus que
tout autre (il est sévèrement défendu de mon-
ter sur quoi que ce soit pour voir par dessus);
le travail et l'application m'ayant beaucoup
affaibli la vue, ces barreaux croisés me fati-
guent au point qu'il m'est presque impossible de regarder sur la place sans éprouver un
mal-aise qui me force incontinent de renoncer
à cette distraction. Si par hasard je tourne la
tête de ce côté, c'est pour voir le ciel, c'est
pour contempler cet asile sacré de la pensée,
ce tribunal suprême au pied duquel viennent se
briser les faibles signes de la puissance humaine

et le seul devant lequel on ne peut pas éteindre le flambeau de la vérité. Je le contemple avec calme: mon âme alors semble s'agrandir ; je descends dans ma conscience, et je n'y trouve rien qui puisse troubler mon sommeil. Cette sécurité, me dis-je alors, existe-t-elle pour tous ceux qui ne sont pas en prison ? Se trouve-t-elle surtout chez ces monstres à forme humaine qui se réjouissent du malheur des hommes dignes de ce beau nom ; chez ces tartufes ambitieux, dont le prétendu zèle n'ad'autre mobile que leur intérêt particulier ? Examinez attentivement la face de ces individus, vous y démêlerez facilement l'hypocrisie unie à l'arrogance : ils vous regardent avec une assurance qui force souvent à baisser les yeux. Voyez-les se peindre eux-mêmes, et ils vous prouveront que leur physionomie a toujours l'empreinte de la modestie et de l'humilité. Mais où m'arrêté-je ? je dois m'abstenir d'esquisser ici des portraits que des peintres habiles ont si vigoureusement tracés ; revenons à la prison.

J'ai parlé d'une petite cour sur laquelle donne la cuisine et d'où l'on se rend dans toutes les autres ; auprès d'elle, vers l'ouest, est la cour de la pistole en face de laquelle se trouve le puits ; on traverse cette cour pour entrer dans le préau qui sert de promenade aux prisonniers de la classe inférieure. A l'angle nord - ouest du préau, est une autre petite cour, destinée à divers approvisionnements, et notamment à la paille ; on y renferme pendant la nuit les deux gros chiens du concierge.

Les femmes habitent un corps de logis séparé ; la porte qui y conduit est placée en face de la cuisine ; elles ont également une cour privative.

Au nord du préau est une habitation de prisonniers pauvres ; elle se compose de trois salles placées au premier étage, et au-dessous desquelles est une espèce de hangard où se tiennent ces malheureux quand le temps ne leur permet pas d'être au dehors. Au sud, en face de ce logement, est une autre sorte de prison que l'on m'a dit être le *Secret* : c'est là que l'on renferme, sans lumière et les volets clos, les infortunés qui sont condamnés à ce supplice.

A l'ouest du préau, en face de la porte de communication, est la tour qui contient plusieurs chambres hautes, et au pied de laquelle se trouve le cachot dont l'entrée est privative. Ce cachot est fermé par deux portes épaisses et bien ferrées ; non-seulement on y est privé du jour, mais encore on y manque d'air : la santé de l'homme le plus robuste ne pourrait résister long-temps à l'influence de ce lieu infect et mal-sain. Je m'empresse d'ajouter à cette description véridique, qu'il est très-rare que l'on y mette quelqu'un, mais je dois dire aussi qu'on ne devrait jamais y mettre personne : la mort serait préférable à cet affreux séjour. L'opinion que j'émets ici est d'accord avec la loi qui ne condamne jamais au cachot et à laquelle personne n'a droit de donner une extension quelconque. Suivant de vieilles traditions de la prison, le cachot du Bouffai est continuellement habité par des animaux malfaisants ; et un rat énorme, auquel on a donné le nom de *Gaspard*, y règne en souverain absolu : il goûte, dit-on, presque toujours aux nouveaux hôtes qu'on lui envoie. Quelques habitués prétendent que ce personnage est fabuleux et qu'il n'a été inventé qu'afin d'augmenter la terreur que le nom de cachot porte toujours avec lui : je ne puis donc donner aucun renseignement positif sur *Gaspard*, dont l'existence n'est cependant pas improbable.

Les prisonniers qui n'habitent pas la pistole sont couchés sur des lits de camp, dont la dureté est tempérée par quinze livres de paille pour chacun d'eux ; ils n'ont avec cela aucune espèce de couverture. Les femmes couchent également sur des lits de camp, mais elles ont une paillasse et une couverture.

J'ai pris avec soin des informations sur la nourriture habituelle et journalière de ces malheureux. Elle se compose, pour les prisonniers civils, d'une livre et demie de pain par personne, et de soupe ; chaque militaire a, de plus que ceux-ci, une ration de pain de soupe et une ration de viande. Voilà pour le solide ; quant au liquide, on leur donne de l'eau à discrétion. Ceux à qui leurs familles peuvent faire passer quelques fonds, ceux à qui le travail peut procurer quelque argent, ont toutes les facilités désirables pour augmenter leur ordinaire, et pour se procurer du vin; mais ceux qui ne possèdent aucune espèce de ressource, n'ont rien de plus.

L'aspect de ces misérables inspire la tristesse : si quelques-uns sont des exemples trop frappants de la dégradation humaine, d'autres ont l'air abattu, d'autres paraissent bien sentir toute l'horreur de leur situation : la moindre pièce de monnaie qu'on leur donne les comble de joie ; c'est un moment de trève à leurs souffrances !

J'ai goûté de la soupe qu'on leur distribue, elle est très-bonne; on la fait avec beaucoup de propreté, et les légumes y sont abondants. J'ai assisté à la préparation de ce mets indispensable; et je puis affirmer que dans aucune maison bourgeoise on n'apporte plus de soins et d'attention à la confection du potage.

Un grand fourneau abrité est placé dans la première cour, auprès de la cuisine : ce fourneau contient une chaudière que l'on change tous les trois mois et qui est lavée deux fois par jour.

A midi la soupe est distribuée : on la verse dans des gamelles en bois, dont chacune sert pour trois où quatre prisonniers, suivant la convenance, et qui sont toujours minutieusement lavées. Elles parviennent en un clin-d'œil à leur destination, au moyen de tours en bois qui sont pratiqués dans les murs et dans les grilles de séparation.

Aux grandes solennités, les inspecteurs des prisons et M. l'abbé Durand-Billy, aumônier des prisons, font des distributions extraordinaires. C'est alors que l'allégresse est générale : des chants et des danses en sont la conséquence, et le cri de *vive le Roi* ! en est le signal ; mais ces jours fortunés sont assez rares. Au moment où j'écris (il y en a déjà quinze que je suis écroué) je n'ai point encore vu de danses, je n'ai point encore entendu de chants !.....

On a pu remarquer la différence qui existe entre la nourriture des prisonniers civils et celle des prisonniers militaires : ceux-ci sont mieux traités. Je n'ai pu retenir un mouvement de surprise en voyant une telle injustice ; j'en ai demandé la cause, et l'on m'a répondu que pour les militaires c'était le corps qui payait. Mais, dis-je, en moi-même (car en prison il ne faut pas toujours penser haut), qui est-ce qui paie les corps armés du royaume ? c'est le peuple ! Oui, c'est le peuple industriel, commerçant, propriétaire ou consommateur, dont les contributions arrivent à grands flots par mille canaux divers dans les coffres de l'état, et forment cette masse immense de capitaux d'où l'on tire la solde des troupes. Pourquoi donc n'en tirerait-on pas aussi de quoi mieux soutenir l'existence des prisonniers civils ? Quelle si grande différence y a-t-il donc entre le citoyen et le militaire ? l'un contribue à la richesse de son pays, l'autre le défend ; ne sont-ils pas également utiles ? Demandez à la malheureuse Espagne, riche de son sol, mais livrée à la guerre civile et à l'anarchie ; son commerce languit, son industrie est frappée de stérilité, les travaux de la terre sont en partie abandonnés, et dans les provinces où on la cultive les récoltes sont pillées ou foulées aux pieds !.... Son gouvernement n'ayant presque plus de produits, est hors d'état de satisfaire à ses besoins les plus pressants, et l'armée est mal payée et mal entretenue. Cet exemple comme mille autres que nous fournit l'histoire, prouve donc évidemment que ce sont les citoyens laborieux et tranquilles qui font la prospérité des états.

A dieu ne plaise que je prétende ôter aux soldats français la gloire qui leur est acquise et la considération qui leur est due : je ne demande point que l'on diminue les avantages dont les militaires jouissent en prison; mais je voudrais qu'on les accordât aussi aux prisonniers civils. Egaux devant la loi, enfermés sous les mêmes verroux, et fils de la même patrie, ne serait-il pas juste qu'il fussent pareillement traités?....

Il m'a été rapporté que quelques années avant la mort de l'ancien concierge Seminel, on donnait la ration de viande aux prisonniers civils. Mais un jour, ils se plaignirent amèrement de la qualité de cette viande ; on voulut réprimer l'effervescence de leur réclamation, et ils ne se calmèrent point. Cette affaire fut portée devant le conseil d'administration des prisons qui décida, dit-on, dans sa sagesse que, pour éviter à l'avenir des scènes de ce genre, la viande serait supprimée. Il me semble voir un chirurgien chargé de soigner le mal qu'un moribond aurait au bras, et qui couperait ce bras pour faire cesser les plaintes continuelles du malade et pour éviter les ennuis du traitement.

J'admets un instant, ce qui est fort possible, que les prisonniers aient été dans leur tort : ne pouvait-on pas punir leur mutinerie sans employer un moyen aussi violent de leur faire sentir leur faute, sans leur couper les vivres, sans mettre à la diète leurs successeurs ?

Mais ce n'est pas là la seule réclamation que j'aie à faire : il en est une plus essentielle encore puisqu'elle a un but moral.

Jusqu'à présent je crois m'être quelquefois improprement servi de l'expression générique *prisonniers*, tandis que j'aurais dû en distinguer deux classes; je m'étais réservé d'établir une différence lorsque j'en serais arrivé à la matière importante que je vais traiter.

Il y a, selon moi, une ligne de démarcation très-sensible entre les *détenus* et les *prisonniers* : les *détenus* sont ceux qui ont été arrêtés, mais qui n'ont point encore été jugés, ils sont seulement en prévention; les *prisonniers* sont ceux qui ont été condamnés. Il est possible que chacun n'approuve pas cette distinction; mais sans entrer dans aucune discussion grammaticale, je me hasarde à l'adopter.

Les détenus et les prisonniers devraient être enfermés séparément et traités d'une manière différente. Parmi les prisonniers, il est des êtres tout-à-fait perdus, familiarisés avec le crime, et dont la fréquentation est dangereuse pour les hommes qui n'ont commis aucune faute, pour les hommes qu'un moment d'erreur a entraînés, mais qui peuvent retrouver la bonne route et se rendre digne de rentrer dans la société :

Dieu fit du repentir la vertu des mortels !...

C'est à ce salutaire repentir que l'on fait malgré lui renoncer le malheureux qui n'était qu'égaré, en le jetant au milieu de gens corrompus.

Je me rappelle avoir été témoin, en janvier 1823, d'une scène qui vient à l'appui de mon assertion : un effronté scélérat avait été condamné aux galères et à la marque. Le jour désigné pour l'application de la marque arrive, le condamné est exposé sur la place du Bonffai et subit la flétrissure. En rentrant dans la prison, il dit à l'exécuteur, en lui frappant familièrement sur l'épaule (car aujourd'hui on ne dit plus bourreau, il faut ménager la susceptibilité de tout le monde), il dit donc à l'exécuteur : *Tu ne m'as pas fait grand mal, c'est très-bien* ; puis, s'adressant à un des garçons du concierge : *Baudry, donne - moi une chopine pour faire passer ça.* Le serrurier vient et lui pose, dans la seconde cour, un fer au pied ; il se prête à cette opération avec une insouciance remarquable ; quand le fer fut mis et bien rivé, on lui dit que c'était fini : *C'est fini !* reprit-il, et il s'élança en sautant et en chantant dans le préau : *Tiens !* ajouta-t-il, *ça ne gêne pas du tout, ça n'empêche pas de danser !...*

La morale, d'accord avec la justice, ne semble-t-elle pas exiger que les prévenus dont on croit devoir s'assurer, soient séparés des condamnés ?... Eh bien, c'est tout le contraire : un homme qui sera faussement accusé d'un crime avec toutes les apparences de la vérité, à qui l'instruction, les débats et un arrêt réparateur viendront enfin rendre l'honneur et la liberté, aura été contraint pendant une longue captivité (on est quelquefois long-temps emprisonné sous la dénomination de détenu provisoire), aura été contraint, dis-je, de rester au milieu d'hommes dépravés, d'entendre leurs discours, de les écouter, de leur répondre et de coucher au milieu d'eux ! .... il aura même été forcé d'être leur commensal, car il lui aura fallu manger dans la même gamelle, et le sort peut quelquefois l'avoir placé entre un voleur et un assassin. Et qu'on ne vienne point prétendre ici que la justice ne puisse pas se tromper ! on soutiendrait vainement que jamais l'innocence n'a été soupçonnée et même convaincue du plus grand des crimes : si les causes célèbres n'étaient point là, un fait encore récent suffirait pour jeter à cet égard la plus vive lumière.

« Le médecin Rusticoni, du canton d'Ampuguani (Corse), tombe sous le fer d'un assassin :

les soupçons se portent sur son confrère Micheli et le propriétaire Cruciano. La cour criminelle de Corse condamne ces deux individus à avoir la tête tranchée.

» Le jour de l'exécution arrive. Cruciano, âgé d'environ 60 ans, marche au supplice avec assurance; mais sa bouche est muette; il presse sur ses lèvres l'image du rédempteur et ne songe plus qu'à l'éternité. Micheli, au contraire, ne cesse de dire : « Le mensonge maintenant ne peut m'être d'aucun secours; or, » je proteste de mon innocence ; mes mains » sont pures du sang qui a été versé; je meurs » victime de l'erreur de mes juges. »

» La consternation fut grande dans la ville de Bastia le jour où ces malheureux subirent leur supplice. Quelque temps après, un bandit corse (Sanrocchi était son nom), qui venait de se réfugier en Sardaigne, fut arrêté et transféré dans les prisons de Bastia. Condamné à mort pour différents crimes, il monta sur l'échafaud et déclara, en présence de toute une population : « *Qu'il était seul auteur et complice* » *de l'assassinat du médecin Rusticoni* : que » le docteur Micheli et le vieillard Cruciano n'y » avaient pris aucune part; qu'ils étaient morts » innocents. »

» Ces faits se sont passés dans les années 1824 et 1825, et le département de la Corse »

tout entier en est encore douloureusement
ému. »

Après ce qu'on vient de lire, le *Constitu-
tionnel* du 11 septembre s'exprime ainsi :

« Il n'y a pas de jury dans ce département;
la Corse en fut privée sous le gouvernement
d'un homme célèbre qui naquit dans son sein.
A coup sûr les six conseillers qui composent
la cour criminelle de ce département, verraient
avec plaisir rétablir le jugement par jury : sans
doute ils ont prononcé en leur âme et conscience, mais ils supportent en entier le fardeau des jugements; et le jour où ce fardeau
serait divisé, où ils n'auraient plus qu'à faire
l'application de la loi, serait pour eux un jour
de bonheur. »

De célèbres économistes, de judicieux philan-
tropes, qui ont consacré leur plume, leur talent
et leurs veilles aux intérêts généraux de la patrie,
et notamment le vertueux La Rochefoucault-
Liancourt dont la France conservera toujours le
souvenir, ont fait éloquemment sentir combien il
est nécessaire de séparer les prévenus des condamnés : ils ont aussi présenté des projets d'améliora-
tion qui non-seulement tendraient à empêcher la
corruption d'atteindre celui qui n'y aurait qu'un
faible penchant, mais encore qui pourraient offrir
les moyens de guérir celui dont elle aurait déjà

effleuré le cœur. Ces dignes amis de l'humanité ont voulu parcourir la France, pour visiter les prisons : quelques portes se sont d'abord ouvertes devant eux; mais bientôt leurs sévères investigations, leurs questions multipliées, les notes que partout ils prenaient, ont déplu, et ils n'ont pu achever la noble tâche qu'ils s'étaient imposée. Aujourd'hui, on craint un œil scrutateur; les administrations ne veulent pas que l'on puisse tout examiner. Est-ce par un faux orgueil? est-ce par la crainte de la publicité? On pourrait peut-être, avec quelque raison, résoudre ces deux questions par l'affirmative; mais la presse! la presse! oui la presse est bien gênante, quand elle est libre : elle dit tout!...

Il serait possible de procurer aux prisonniers une nourriture plus abondante, sans augmenter la dépense que l'on fait actuellement pour eux : que partout on établisse des ateliers, que tout condamné soit contraint de s'occuper, qu'on lui fixe un salaire quelconque, et qu'une partie de son gain soit affectée à ses besoins journaliers; le surplus du prix de son travail serait mis en réserve pour lui être donné lors de son élargissement. Il faut qu'un prisonnier ne manque de rien, mais il ne doit pas avoir de superflu; on ne doit lui laisser que très-peu d'argent. Au lieu de jouir toute l'année du *fare niente* des italiens, les prisonniers s'occuperaient, ils en prendraient l'habitude; et pendant ce temps ils ne penseraient point à mal faire, ils ne méditeraient point de nouvelles fautes : on sait que l'oisiveté est la mère de tous les vices. Rendus à la liberté, et possédant quelque chose, ils songeraient à s'assurer d'honnêtes moyens d'existence ; leur condamnation aurait été pour eux une bonne leçon, une leçon salutaire, et c'est là le véritable but de la loi. Quelques incorrigibles, sans doute, repousseraient loin d'eux le bien qu'on aurait voulu leur faire et retourneraient au crime, mais ce serait le plus petit nombre ; d'ailleurs, la loi n'est-elle pas toujours là pour les punir encore ?

Dans la prison où je suis, la majeure partie des prisonniers ne fait autre chose que dormir, se promener et jouer. On connaît les suites funestes du jeu ; il mène à tous les crimes, il flétrit l'âme et corrompt les mœurs : combien d'hommes, sans lui, seraient restés vertueux ! combien d'infortunés, sans lui, ne seraient pas montés sur l'échafaud !... C'est surtout cette plaie qu'il faut guérir : or, le travail est contre ce mal cruel un remède presque infaillible. Celui qui, après avoir été avili, conçoit le doux espoir de sortir de la situation honteuse où il se trouve, et voit qu'il peut recouvrer l'estime publique, sent d'autant mieux le prix de ce précieux bien, et fait tout pour le conquérir. Quelques récompenses données à propos, quelques éloges distribués avec discernement, fortifient sa volonté, augmentent son courage; et les sages instructions d'un pasteur indulgent et éclairé, achèvent de le ramener dans la bonne voie. N'est-il donc pas possible d'apprécier l'immense avantage de rendre au monde des hommes qui en auraient été expulsés; d'arracher à un affreux abîme des hommes qui peut - être n'étaient pas faits pour y tomber?

La plupart des prisonniers de la dernière classe font ici vraiment peine à voir : ils sont très-mal couverts; quelques-uns n'ont même pas de chemises, et leurs vêtements tombent en lambeaux. S'ils travaillaient, non-seulement ils jouiraient de quelques douceurs pour la nourriture, mais encore ils pourraient se vêtir.

Je sais que dans les maisons de force dites prisons centrales, et notamment à Fontevrault, il y a des ateliers et qu'on y occupe les prisonniers; c'est bien, c'est très-bien! Mais ces sortes de maisons ne reçoivent que ceux qui sont condamnés à une longue détention. Pourquoi n'imiterait-on pas l'exemple qu'on a soi-même donné? pourquoi n'adopterait - on pas, pour toutes les prisons, une mesure dont l'expérience doit avoir prouvé les avantages et l'utilité?

Au Bouffai, très-peu de prisonniers s'occupent d'une manière utile, parce que pour s'y livrer à un travail quelconque il faut que ce travail n'occasione aucune espèce d'encombrement. D'un autre côté, on ne peut laisser aux mains d'aucun d'eux, ni limes, ni autres outils qui soient de nature à faciliter leur évasion. Au moment où j'écris, l'un des prisonniers de la Pistole s'occupe à apprêter et à graver des cocos; il en fait des tasses, des espèces de bouteilles, des breloques, et il réussit parfaitement : la vente de ces divers objets lui procure une honnête aisance. Quelques outils lui suffisent; mais ils sont tous les soirs remis au concierge qui les compte en les recevant, et les compte encore en les lui remettant chaque matin. C'est par l'entremise des guichetiers, que les objets fabriqués en prison se débitent au dehors.

Dans les prisons centrales, le produit du travail des détenus leur fait avoir du linge, un matelas et une couverture ; avec la soupe, ils ont la ration de viande ; et une partie de leur salaire, versée à la masse de réserve, leur assure, lors de leur mise en liberté, une somme dont ils peuvent se servir pour commencer à travailler. Dans ces sortes de maisons ils ont des bains de propreté. A la prison du Bouffai, les bains de propreté, le linge même le plus indispensable, la viande, le matelas, la couverture et les fonds de réserve, seraient un luxe effréné. Quand un prisonnier du Bouffai est mis en liberté, il ne possède pas un centime; et si quelque âme charitable ne vient pas à son secours, il a tout au plus ce qu'il lui faut pour ne pas se montrer nu.

On bâtit en ce moment à Nantes de nouvelles prisons (7); je n'ai pu les voir. Il s'est élevé à leur sujet une controverse dans laquelle je ne veux entrer pour rien ; le temps et l'usage feront seuls juger du mérite des distributions ; cependant on a droit d'espérer que les détenus pourront y être séparés et classés par âge, sexe et nature de délits, et qu'on adoptera un régime moins inhumain.

La législation actuelle de la presse expose des hommes d'une classe particulière à aller quelquefois en prison ; ne serait-il pas dans l'ordre que les écrivains fussent distingués des voleurs, des filous et des vagabonds ? Tous ceux qui ont traité cette matière ont été d'accord pour faire cette observation qui intéresse essentiellement et sans exception tous ceux qui écrivent : en effet, dans un temps ce sont les défenseurs des principes constitutionnels, dans un autre ce sont les partisans de l'absolutisme, qui sont poursuivis. Si depuis trente-cinq ans tous ceux qui ont été enfermés dans la pièce que j'habite avaient écrit sur le même registre leur nom, leur profession de foi politique et le motif de leur incarcération, ne serait-on pas surpris d'y voir des hommes qui ont respectivement figuré dans tous les partis, et des hommes qui n'ont jamais figuré dans aucun? Combien la lecture d'un pareil livre serait, pour certaines gens, une lecture utile! à quelles salutaires réflexions ne conduirait pas cette longue suite de révoltantes persécutions? En approfondissant cette pensée, en fixant un instant le milieu de cette place du Bouffai, dont le nom ne sera que trop célèbre dans nos annales, l'imagination s'échauffe malgré soi, et le moindre regard jeté sur le passé fait tressaillir les sens et vient égarer la raison.... Quelle soudaine terreur s'empare de mon âme!... pourquoi des larmes mouillent-elles mes yeux!... Hélas! qu'il est grand le nombre de français que la fureur des partis a immolés!.... qu'avaient fait ces femmes, ces enfants, ces vieillards que la hache des bourreaux a moissonnés? Qu'avaient fait ces prêtres vénérables, ces nobles dont on ne pouvait accuser que la naissance, ces propriétaires respectables, ces négociants industrieux et estimés, ces artistes, ces savants, ces magistrats?... Pourquoi frapper celui-ci (8)? il a sacrifié sa fortune pour nous nourrir!.... Arrêtez!

arrêtez !... évitez-vous un cruel repentir. Cependant sa tête tombe ; et l'on apprend bientôt qu'il a , de ses propres deniers , payé le grain que ses concitoyens ont consommé pendant là famine !!! Eh ! c'est sur cette place qu'ont été entassées tant de déplorables victimes !.... Ah ! détournons les yeux de ce spectacle horrible !..... fuyons !.... il me semble encore y voir des flots de sang !....

Est-ce donc toujours des victimes qu'il faut aux partis triomphants ? La passion doit-elle prendre toujours la place de la modération et de la justice ?......

Pourquoi , abusant d'un pouvoir qui lui avait été confié pour cimenter l'union des citoyens et pour ne rappeler du passé que ce qui est grand, noble et glorieux, un proconsul se plaisait-il à tourmenter des citoyens qui n'avaient d'autres torts que de trop aimer leur pays ? Pourquoi ces exils ?... on frémit quand on y songe encore !... De jeunes français sont forcés d'abandonner leur patrie ; un bâtiment est prêt, il cingle et arrive bientôt à la Guadeloupe !.... Mais, hélas ! à peine débarqués, ces infortunés sont attaqués d'une maladie pestilentielle : plusieurs y perdent la vie !...

Je suis loin de tomber d'accord avec ceux qui pensent qu'il ne faut pas rappeler les crimes publics de telles époques : le passé fut toujours le précepteur de l'avenir et le guide du présent. Pour inviter à la tolérance, il faut rappeler la Saint-Barthelemi ; pour inviter à l'union, à l'obéissance aux lois, il faut se retracer quelquefois ces temps affreux qui ne doivent plus renaître. Heureuse par la charte constitutionnelle, heureuse par un monarque auguste qui a juré de maintenir cette loi des lois, la France, pour mieux jouir de la félicité qui lui est promise, peut et doit contempler du port les orages qui l'ont tant agitée.

Cette digression m'a éloigné de mon sujet principal ; mais l'aspect de mes barreaux m'y ramène et je poursuis ma revue de l'intérieur de la prison.

Le bâtiment consacré aux femmes est à deux étages et a, comme tous les autres, cour et hangar. On remarque, dans cette cour, une treille et quelques pots de fleurs. Les chambres sont, ainsi que je l'ai dit, garnies de lits de camp sur lesquels sont des paillasses et des couvertures. Il existe dans ce corps de logis un arrangement et un ordre que l'on ne voit pas ailleurs.

Le cachot dont j'ai parlé plus haut, a sept pieds sur dix-huit, et ne se trouve pas sous terre ; il est au niveau du sol, et ne sert que pour les hommes. Celui des femmes est plus vaste, et se trouve placé dans la partie supérieure de leur corps de logis ; il est éclairé par une grande fenêtre dont on ferme le volet pour le rendre obscur quand on y met une de ces malheureuses.

Lorsqu'un prisonnier est condamné à mort, on l'enchaîne et on l'enferme dans le cachot. Je n'ai point encore conçu comment on pouvait ainsi empoisonner les derniers moments de celui que la loi vient de condamner et dont le glaive de la justice va terminer l'existence. Il est bon de prendre des mesures pour qu'un criminel ne puisse s'échapper : mais ne pourrait-on pas en trouver d'aussi sûres et de moins cruelles ?

Voici maintenant comment s'exerce la sur-veillance :

Le concierge a quatre garçons qui lui sont dévoués : tous, en cas de besoin, sont sur pied, la nuit comme le jour, et se trouvent aussitôt convenablement armés.

A la chute du jour, tous les prisonniers sont enfermés dans leurs chambres respectives ; toutes les grilles et toutes les portes sont sévèrement closes, et les deux gros chiens sont mis en liberté dans le préau ; avec de tels gardiens on peut être en pleine sécurité. Aussitôt que les chiens aboient, chacun se lève et tout est visité.

Dès le matin, on ouvre les portes principales de l'intérieur, on renferme les chiens, on nettoie les chaudières et les gamelles, et l'on prépare les légumes et la viande pour la soupe dans laquelle on met toujours une quantité suffisante de graisse. Les prisonniers de chaque chambre approprient leurs salles, et sortent dans les cours qui leur sont assignées.

A dix heures et demie, on fait la distribution du pain. Je m'en suis procuré quelque peu, je l'ai examiné et goûté ; il est bon et bien préparé ; c'est de l'espèce que l'on nomme à Nantes pain méteil, et qu'ailleurs on appelle pain bis. Celui que les boulangers de la ville fournissent aux habitants n'est pas meilleur.

A midi fixe, on donne la soupe, comme je l'ai déjà indiqué.

Le matin et l'après-midi, un petit commissionnaire demande aux prisonniers s'ils ont besoin de quelque chose : chacun, en le payant, peut faire venir du dehors tout ce qui n'est pas prohibé.

Quand on a été autorisé à voir un prisonnier, on est introduit dans la chambre de celui qui est chargé d'ouvrir ; elle est située en dedans de la grille d'entrée. On appelle le prisonnier en question ; et placé dans la cour, il cause avec la personne qui le demande, à travers un guichet pratiqué dans le mur de séparation. Pour voir les prisonniers de la chambre, il faut avoir un permis de la Mairie, et l'on est introduit près d'eux.

Le soir, à neuf heures et demie, quatre hommes et un caporal du poste du Bouffai, viennent assister le concierge et les garçons dans la visite qu'ils font partout avec une exactitude scrupuleuse.

Le matin, aussitôt que les prisonniers sont sortis de leur salle, un garçon fait une visite qui tend à s'assurer que l'on n'a nulle part préparé de moyens d'évasion. Il est, à cet effet, armé d'un bâton dont un bout est garni de fer qui se prolonge en pointe, et avec lequel il sonde partout ; on pense bien que les barres de fer qui garnissent les fenêtres ne sont pas épargnées, on les frappe toutes à diverses reprises pour s'assurer qu'aucune d'elles n'a reçu d'altération pendant la nuit.

On a généralement remarqué que les prisonniers militaires avaient toujours une meilleure tenue que les prisonniers civils : ils sont plus soigneux de leur habillement. Ceux-ci vendent quelquefois les vêtements qui leur sont le plus indispensables, pour avoir du tabac, du vin ou de l'eau-de-vie, et même pour jouer.

Les prisonniers et surtout ceux qui jouissent de quelque aisance et que l'on place dans la pièce où je suis, doivent, en entrant, se bien persuader que les gens de la maison ne sont nullement à leur disposition ; tous les services que ces derniers peuvent leur rendre proviennent de leur propre et libre volonté. Il faut donc, pour en obtenir ce qu'on désire, les traiter avec douceur et se montrer généreux.

On a élevé, dans le corps du bâtiment consacré aux femmes, une petite chapelle où M. l'abbé Durand-Billy dit la messe tous les dimanches : après le service divin, le pasteur adresse toujours à son auditoire de sages et profitables instructions. Tous les prisonniers sont appelés à l'heure où la messe commence ; il est facultatif de se rendre à cette invitation : on doit tout faire pour ramener aux idées religieuses les esprits égarés, mais il ne faut pas tyranniser les consciences. Du reste, M. l'aumônier des prisons remplit avec ferveur les devoirs de son saint ministère, et toujours sa présence annonce un nouveau bienfait.

Aux premiers froids, M. Lafont père, inspecteur des prisons, et M. Durand-Billy, disputant de zèle, vont venir faire une distribution d'habillements dont les hommes, surtout, ont un extrême besoin. Les visites de l'inspecteur sont moins fréquentes au Bouffai qu'aux Frères (hospice des prisons), et cela est juste : c'est aux Frères que l'on renferme les malades ; leur situation exige une surveillance plus active et mérite conséquemment plus de sollicitude.

Les fonds employés à améliorer le sort des prisonniers, proviennent de deux sources : chez M. Durand-Billy, c'est le produit d'aumônes et de dons gratuits qui sont remis à ce respectable ecclésiastique pour ce pieux usage ; chez M. Lafont, c'est l'emploi de sommes affectées à ce service par l'administration des prisons, et que M. Lafont augmente souvent en puisant dans sa propre bourse.

La sonnette d'entrée est agitée tant de fois, la porte est si souvent ouverte, qu'au bout de quelques jours ou n'y fait presque plus attention. Cependant, il est des circonstances où la curiosité se trouve excitée par quelque chose d'extraordinaire !

Le 11 septembre, par exemple, le lendemain de mon arrivée, un grand bruit se fit entendre, et des cris frappèrent mon oreille : je quittai la plume et j'accourus à la salle des Pas-Perdus, d'où je vis une femme de campagne qui faisait de grands gestes et qui prononçait à voix haute une foule de paroles sans suite et mal articulées ; je me crus un instant transporté aux Petites-Maisons. Les informations que je me hâtai de prendre, m'apprirent en effet que cette femme était folle, ce dont j'ai eu depuis l'occasion de me convaincre. Cette paysanne n'a guère que trente ans; elle se nomme Anne, Angibault et habite Vieillevigne ou les environs. Anne Angibault avait attentivement suivi les instructions des missionnaires que nous possédions au commencement de cette année. Ayant naturellement l'esprit faible, elle s'exagéra leurs discours, et sa raison s'égara : tout ce qu'elle disait avait trait à la religion. Cette infortunée est munie d'une de ces petites croix en métal, que vendent les marchands qui suivent les missionnaires et sur lesquelles est le christ avec l'inscription INRI, et ces mots incrustés du côté opposé : SOUVENIR DU JUBILÉ DE 1826. Voici le cercle de ses discours : *allez donc chercher mes hardes au Moulin-Colas, chez Jeanne Gatin, avec qui j'ai fait mon Jubilé..... Je veux aller à Saint-Jacques recevoir l'absolution..... Apportez-moi mes croix et mes crucifix qui sont chez M. Thibault, curé de Montbert.* Anne Angibault avait remis sa croix de mission au garçon qui était chargé de veiller sur elle, en lui disant qu'elle lui servirait à avoir ses jupes et d'autres croix qu'il fallait demander au curé de Montbert; le garçon ne

garda cette croix de mission que deux jours,
Anne Angibault ayant eu grand soin de la lui
redemander.

Les autorités de la commune où réside Anne
Angibault l'avaient, dit-on, mise en état d'arrestation pour avoir troublé le service divin ; on
n'a pas cru devoir donner suite à cette affaire.
L'état d'aliénation mentale de cette femme
était tellement patent et manifeste, qu'on n'a
même point pensé à procéder à son interrogatoire. Le 5 octobre (le vingt-quatrième jour
de son arrestation), on l'a transférée à l'hospice
du Sanitat : elle croyait qu'on la conduisait chez
le curé de Montbert, et les gendarmes ont été
contraints, pour la faire consentir à marcher,
d'abonder dans son sens.

Cette malheureuse n'aurait pas dû rester cinq
heures au Bouffai. Le lieu où on l'avait d'abord
déposée était peu propre à la recevoir, elle y
était entourée de gens qui s'amusaient de ses
folies et qui se faisaient un jeu de la contrarier :
son mal, loin de diminuer, devait empirer
encore et pouvait devenir tout-à-fait incurable.

Le 12, dès sept heures du matin, on agite
fortement la clochette ; le guichetier court à
son poste, il se hâte d'ouvrir les deux portes,
et l'on voit entrer deux gardes-ville qui accom-
pagnent un homme bien mis, âgé d'environ

quarante-cinq ans et qui se trouve tout surpris
qu'au lieu de le faire parler au procureur du
roi, on le mette en prison. Il demande avec
force qu'on le conduise devant ce magistrat
ainsi qu'on le lui avait dit; mais, malgré ses
réclamations on place notre homme dans une
chambre haute de la pistole, d'où ses imprécations se faisaient encore entendre. Il demande
alors une plume, de l'encre et du papier pour
écrire à M. le procureur du roi; on s'empresse
de le satisfaire, et il se tait.

Vers les trois heures de l'après-midi, je
quittai le travail pour faire un tour dans le
jardin; j'y vis le nouvel hôte, et l'un de mes
compagnons me dit que le concierge venait de
recevoir l'ordre de le mettre en liberté. J'abordai
bientôt cet homme assez heureux pour ne faire
que dix heures de prison, je lui adressai quelques
questions; et voici les renseignements qu'il me
fournit: « Je me nomme, me dit-il, Philippe
» Garcia; et je demeure à Nantes, rue des Grands
» Capucins, chez Mme veuve Bolot. Ce matin, à
» six heures j'étais encore au lit, quand je vis des
» agents de police entrer dans ma chambre. L'un
» d'eux me dit que M. le procureur du roi dési-
» rait me parler de suite, et qu'il fallait le
» suivre. Je me suis rendu à cette invitation et
» l'on m'a conduit ici. » = Mais, pour vous
conduire ainsi en prison, avait-on un mandat

d'amener? ═ « Et non ! si l'on avait eu un mandat
» d'amener, on n'aurait pas eu besoin d'employer
» une ruse, et l'on se fût sans doute épargné la
» peine de compromettre ainsi le nom d'un ma-
» gistrat respectable. » ═ Mais vous ne savez
donc pas qui a pu donner l'ordre de votre incarcération, ni quel en est le motif ? ═ « Non ;
» non, vous dis-je : tout ce que je sais, c'est que
» je vais sortir, et que c'est à un ordre de M. le
» préfet que je le dois. » En effet, peu d'instants
après, M. Philippe Garcia était libre (9).

Le 13 septembre, au soir, nous vîmes arriver,
sans escorte, un autre prisonnier, M V*. Pour
celui-là il n'y avait rien de louche ; il avait légalement été condamné par le tribunal de police
correctionnelle. M. V* avait eu querelle dans un
café, et cette querelle avait enfanté une rixe.
Les juges, aux yeux de qui la vérité se cachait
avec soin, et qui ne pouvaient pas découvrir
quel était l'instigateur, avaient mis les deux
plaidants dos à dos, et les avaient renvoyés.....
en prison, pour chacun six jours.

M. V* devait être logé dans notre appartement ; mais, comme cet appartement n'a que
trois lits, il fallait que l'un des trois premiers
occupants se chargeât de partager le sien avec
lui. M. V* est un homme d'à peu près cinq
pieds six pouces, et d'une très-forte corpulence ;

nous le tirâmes au sort, et il me tomba : je
ne pus m'empêcher de faire la grimace. En
effet , le sort n'était pas juste ; il me gratifiait
d'un camarade de cette dimension , moi qui
• possède aussi un assez raisonnable embonpoint.
Chacun se mit à rire et de ma grimace et de ma
réflexion qu'un coup d'œil furtif jeté sur M. V*
fit facilement deviner ; je me mis du côté des
rieurs, et nous nous couchâmes après avoir fait
quelques libations au dieu qui conquit l'Inde.

Tous les prisonniers de la Bretagne que l'on
envoie à Fontevrault , escortés de gendarmes,
sont d'abord dirigés sur Nantes : les hommes
font ordinairement la route à pied ; mais pour
les femmes , les vieillards et les malades, il y a
quelquefois des charrettes que l'on décore toujours du titre pompeux de voitures. Le passage
des condamnés est très-fréquent : on appelle cela
la correspondance. Les prisonniers marchent
deux à deux , et l'on attache le poignet droit de
l'un au poignet gauche de l'autre, avec un instrument en fer que l'on nomme menottes. Quelque
court que soit le trajet, dès qu'un prisonnier
sort avant d'avoir fini sa peine, il doit avoir les
menottes.

Le même jour , la correspondance de Roche-
fort nous amena un forçat libéré ; son aspect
nous intéressa : c'était un homme de 63 ans,

encore vert et dont la santé ne paraissait nullement altérée. Il avait été condamné aux travaux forcés, mais sans flétrissure, pour un vol de 210 fr., et venait de passer 28 années consécutives au bagne. On le conduisait au Mont-St.-Michel où il doit tranquillement finir sa vie.

Après quelques jours de repos, deux gendarmes vinrent prendre François Rigolet (c'est le nom du forçat) pour lui faire achever sa route; on ne lui mit point les menottes, et on avait été autorisé à lui donner un cheval. Rendu au bas du perron, les gendarmes qui se montraient pleins d'égards pour ce malheureux, lui permirent de faire la quête : aussitôt, toutes les marchandes de la place sont debout, c'est à qui lui fera son offrande !.... J'ai vu des hommes dont la mise annonçait quelque aisance, s'approcher, regarder et se retirer sans payer le plus faible tribut ! J'ai vu des hommes et des femmes, presque en guenilles, s'empresser de déposer le denier de la veuve !..... L'aspect des premiers me révoltait, il était sec et dur ; l'aspect des autres avait quelque chose d'humain et de charitable, qui me faisait plaisir et m'attendrissait.

Il paraît que la prison du Bouffai est la salle de police de la marine ; je l'ignorais. Il est généralement reconnu que les voyages instruisent l'homme ; on finira par se persuader aussi que la retraite peut avoir le même avantage : j'ai appris quelque chose depuis que je suis enfermé, et quoique le mois dont j'ai été gratifié soit bientôt achevé, j'espère bien ne pas perdre le peu de temps qui me reste pour le finir. Le 21, j'ai vu venir un maître au cabotage qui était consigné pour trois jours ; un gendarme de la marine l'escortait. Je lui ai demandé pourquoi il subissait cette détention, et qui l'avait jugé ; il m'a répondu qu'il n'y avait point eu de jugement, et qu'il fallait néanmoins qu'il restât là. En effet, il y resta et fut élargi le 24.

Un dragon du 8me régiment qui est maintenant en garnison à Poitiers , a été condamné, par un conseil de guerre, à six mois de prison pour je ne sais quelle dispute suivie de voies de fait, qu'il a eue dans une buvette avec un habitant. C'est au Bouffai qu'il a subi sa détention : les six mois devaient finir le 2 octobre. Dès la veille, les compagnons d'infortune de ce militaire, contents de le voir partir, le félicitaient en lui exprimant le vœu bien sincère de ne plus le revoir dans ce triste séjour ; mais l'attente générale fut déçue. Pour la mise en liberté , il existe une très-grande différence entre les prisonniers civils et les prisonniers militaires : les premiers sont élargis le jour où leur peine finit, sans aucune formalité ; les autres ne peuvent sortir que sur un ordre de l'autorité compétente. Il résulte de cette différence, que les condamnés civils ne voient jamais leur emprisonnement se prolonger au-delà de l'époque fixée par les jugements, à l'exécution desquels M. le procureur du roi veille attentivement, tandis que les condamnés militaires font souvent quelques jours de plus. J'ignore si les lois et les réglements qui régissent cette partie autorisent une telle conduite ; mais je sais parfaitement qu'en jurisprudence civile ou criminelle on appellerait cela abus de pouvoir ou acte arbitraire : il serait impossible de lui donner d'autre nom.

Au moment où le dragon devait être mis en liberté, M. le comte de Despinois était absent ; à son arrivée, il reçut une supplique que ce militaire venait de lui adresser, et cet officier-général donna aussitôt l'ordre de le faire sortir. Ce dragon a quitté le Bouffai le 9 octobre.

Le 14 septembre, j'appris que ma présence chez moi était indispensable pour le 16 : c'est l'un des jours où je paie mes employés. J'en informai M. le procureur du roi, en lui expliquant les motifs qui me portaient à solliciter l'autorisation de sortir. Cette permission me fut accordée : on me donnait depuis onze heures du matin jusqu'à cinq de l'après-midi. Il m'était impossible de m'égarer en route, car le 16, à l'heure dite, deux gendarmes en grand uniforme vinrent m'extraire de la prison et m'accompagnèrent jusque chez moi où j'eus bon soin d'eux ; il était tout naturel que j'usasse de réciprocité, d'ailleurs je ne voulais pas que ma garde tombât en faiblesse. Je fis tout le travail que cette lueur de liberté me permit de faire, et le soir mon escorte me remit sous clef. Comme toute peine mérite salaire, pour reconnaître les délicates attentions des deux gendarmes qui avaient bien voulu veiller sur moi, je donnai à chacun cinq francs, taux fixe et invariable lors qu'ils sont appelés à rendre de pareils services.

Parmi les visites que j'ai reçues, je dois surtout noter celle que m'ont faite deux dames de Rennes, amies de ma famille et qui se rendaient à Paris. Elles avaient cru qu'en passant par notre ville il leur serait facile de s'embarquer dans un bateau à vapeur pour aller à Angers, et là elles comptaient prendre la diligence de Tours. Leur intention était de jouir ainsi du superbe aspect que présentent les bords fortunés de la Loire. Ces dames parurent très-surprises quand je leur appris que les bateaux à vapeur sur Angers ne marchaient pas faute d'eau. = Comment ! point d'eau dans la Loire, l'un des fleuves dont s'enorgueillit le plus la France ? = Oui, mesdames, et cela ne vous surprendra plus quand vous saurez que nos excellences, occupées d'intérêts plus élevés, ne peuvent guère songer au commerce. Elles ramassent avec beaucoup de soin le produit des douanes et les droits de navigation; elles font activement rentrer les contributions et toutes les impositions soi-disant indirectes, que paient très-directement les imposés et les consommateurs; et le reste est en seconde ligne. Depuis long-temps, pendant les chaleurs, la Loire n'est pas navigable au-dessus de Nantes, et au-dessous elle se barre tous les ans par des bancs de sable qui vont toujours en augmentant, et qui arrêtent même quelquefois le bateau à vapeur qui fait le trajet de Nantes à Paimbœuf et à Saint-Nazaire..... Les bureaux du ministère sont néanmoins encombrés de pétitions, de projets de travaux à faire (10), de plans dont quelques-uns sont adoptés pour être exécutés quand il plaira au ciel, et rien ne se commence, rien ne s'exécute ; on délivre des brevets pour des inventions de machines propres à nettoyer les fleuves et les rivières, et l'on ne met point ces machines en activité. D'un autre côté, les couvents et les monastères fleurissent et se multiplient; les séminaires achètent de grands biens (11) et les trappistes de la Melleraie regorgent de richesses (12)!.....

On prétend qu'il n'y a point assez d'argent pour faire face à tant de travaux : ah! si l'on voulait s'interdire certaines dépenses inutiles ; si l'on voulait, par exemple, diminuer les fonds qui sont affectés à la police secrète et qui entretiennent dans un métier honteux une foule de gens qui, pour vivre, seraient alors contraints de se livrer à une noble industrie, on aurait de quoi parer à tout, et le *petit milliard* suffirait. = Cependant, il faut que nous partions. = Croyez-moi, mesdames, prenez la *Berline du Commerce*, et ajournez votre projet. Mais, je dois vous le dire en conscience, si vous persistez à visiter les rives de la Loire, en la parcourant en bateau, pendant l'été, ne vous flattez pas de pouvoir exécuter ce projet de sitôt : nos petits-enfants eux-mêmes n'auront peut-être pas la faculté de se livrer à ce plaisir.

Les deux dames me crurent et se rendirent à Paris par les berlines du commerce.

Le même jour, au soir, deux gardes-ville amenèrent en prison deux cantinières accusées de vol : l'une d'elles pleurait amèrement ; elle portait un enfant de huit mois, encore à la mamelle : c'est la femme d'un grenadier du 52ᵉ de ligne. On les enferma dans la prison des femmes : le sort de cet enfant et les pleurs de la mère mouillèrent tous les yeux. Le lendemain, le concierge se rendit au parquet de M. le procureur du roi, pour l'instruire de la présence

de cette innocente créature. M. Sallion, médecin des prisons, en faisant sa tournée vit la nouvelle pensionnaire et sollicita aussitôt l'autorisation de la faire transférer à l'hospice. M. le procureur du roi accorda de suite cette autorisation ;
et, bientôt après, la cantinière et son enfant furent conduits aux Frères. L'empressement que
M. le procureur du roi montra dans cette
circonstance fait honneur à son humanité.

La prison que l'on nomme les Frères tire
son nom de sa destination primitive : avant la
révolution, c'était une école tenue par les frères
de l'école chrétienne, que l'on appelait *Frères
à quatre bras* à cause des manches pendantes
de leur manteau, au-dessous duquel passent
leurs bras ; aujourd'hui, c'est l'hospice des prisons. Tous les détenus et tous les prisonniers
malades y sont transportés ; on les y traite avec
beaucoup de soins et suivant leur situation : de
bons lits et une bonne nourriture sont souvent ce qui contribue le plus à leur rétablissement.

Les prisonniers qui sont amenés par des
gendarmes ou gardes-ville, sont d'abord fouil-
lés : il est très-important qu'on ne leur laisse
rien de suspect. Plusieurs événements ont
prouvé combien la surveillance à cet égard
devait être minutieuse ; parmi les diverses

tentatives d'évasion dont on a conservé le souvenir, on cite l'anecdote suivante comme la plus remarquable :

Il y a déjà quelques années , lorsque Seminel était concierge , les prisonniers renfermés dans les bâtiments qui bordent le préau avaient trouvé le moyen de fabriquer plusieurs fausses clefs avec de la terre molle : ils devaient ainsi compléter la collection de celles qui ouvrent toutes les portes. Pendant que les garçons faisaient la visite , leur trousseau sous le bras, ils prenaient l'empreinte du pêne de chaque clef; puis , avec des tourbes de marais (ici vulgairement appelées mottes) qu'ils unissaient comme on fait de la pierre ponce et qu'ils creusaient ensuite , ils fabriquaient des moules. Les cuillères de plomb, les boutons de cuivre, et toutes les matières qu'ils pouvaient se procurer, étaient alors fondus ensemble : ce mélange de différents métaux leur donnait une fonte assez solide pour faire des clefs dont la force ne laissait rien à desirer. La disparution des cuillères (on leur donnait alors des cuillères en plomb) éveilla la sollicitude des garçons ; on fit une visite nocturne, et l'on surprit les délinquants sur le fait. Le concierge actuel possède encore quelques-unes de ces fausses clefs : il y en a surtout une qui est plus remarquable que les autres, tant par la manière dont elle est fabriquée que par son poids, elle pèse douze onces.

L'adresse et l'intelligence des malfaiteurs de profession sont vraiment incroyables; par eux tout est converti en instruments propres à favoriser leur projet de sortie : d'une lame de couteau, ils font une scie; sous leur main un clou devient un ciseau. La surveillance ne saurait donc être trop active. Le nombre des prisonniers n'est jamais moindre de cinquante à soixante; il est souvent de cent et plus, et s'est quelquefois élevé jusqu'à deux cents et même deux cent quinze. Qu'on se figure les chances de succès qu'ils auraient, s'ils pouvaient parvenir en masse jusque dans les salles du devant : que pourraient, contre cette foule mutinée, le concierge, les quatre garçons et la sentinelle. Les prisonniers auraient pris de force les dernières clefs; la dernière porte s'ouvrirait devant eux, et ils seraient libres avant que les soldats du poste aient eu le temps de venir prêter main-forte : le poste est à environ cent toises de la prison.

Il se trouve quelquefois des hommes condamnés au dernier supplice, qui montrent un véritable repentir. L'un de ces misérables fit, il y a quelques années, un acte qui prouvait que chez lui toute idée de vertu n'était pas éteinte ; il écrivit sur le grand mur du préau, en lettres d'un pied : *Ici l'on réfléchit trop tard*! Depuis ce temps, cette inscription a non-seulement été conservée, mais encore on la restaure avec soin toutes les fois que cela est nécessaire.

J'ai dit que les prévenus, les militaires et les condamnés tant de la cour d'assises que du tribunal de police correctionnelle, étaient enfermés ensemble ; je ne reviendrai point sur ce chapitre que je crois avoir épuisé.

La prison du Bouffai contient en ce moment des détenus de diverses classes. Parmi les prisonniers militaires, il y en a deux (dont un est maintenant à l'hospice) qui ont été condamnés à mort il y a deux mois par un conseil de guerre, pour cause d'insubordination ; voici comment : Un soldat se trouve pris de vin ; son caporal le rencontre et lui donne l'ordre de rentrer au quartier ; le soldat résiste, il en résulte une lutte assez vive. Un autre soldat s'empresse de séparer les combattants ; mais pour les éloigner l'un de l'autre, il se trouve contraint de les pousser. Le caporal porte sa plainte : le premier lui a désobéi et l'a frappé, le second l'a également frappé en voulant le séparer de l'autre : tous deux ont été condamnés à mort. Mais S. M., usant de la plus précieuse de ses prérogatives, a bien voulu leur accorder des lettres de grâce. Ce fait et beaucoup d'autres prouvent la nécessité de reviser le code militaire, et de mettre ses dispositions plus en harmonie avec les mœurs et les idées actuelles : son excessive sévérité ne prive que trop souvent l'armée française de sujets distingués qu'un moment d'oubli peut avoir entraînés, et que des peines de correction pourraient facilement faire rentrer dans le devoir (13). Des légistes distingués, des moralistes dont les écrits sont justement estimés, ont réclamé l'abolition de la peine de mort (14), et la religion vient elle-même prêter son appui à cette opinion philantropique : l'homme est le temple vivant du seigneur, et nul n'a droit d'y porter une main impie. C'est ce principe sacré qui a dès long-temps foudroyé le jésuitisme (15) et l'inquisition (16), monstrueuses conceptions du fanatisme qui ne vivent que de crimes et de sang.

Depuis que les jésuites, violant les lois qui les proscrivent, surchargent de nouveau notre sol, de courageux écrivains ont démasqué leurs projets en racontant leur histoire, en dévoilant leurs secrets, en publiant leurs statuts : il était nécessaire que les dernières classes de la société les connussent afin qu'ils devinssent moins dangereux. Ce but a été atteint : aujourd'hui le jésuitisme est partout en horreur.

La création du saint-office fut la conséquence naturelle du massacre des Albigeois (17). Lorsque le pape Innocent III établit l'inquisition, il la confia aux moines de Saint-Dominique.

A diverses [époques on a voulu naturaliser, maintenir et rétablir l'inquisition en France ; mais notre patrie était peu propre à recevoir et à fertiliser ce fruit de la superstition ultramontaine, à qui nous devons cependant la condamnation des Templiers et l'assassinat juridique d'Urbain Grandier (18).

Cependant l'inquisition, chassée de France, nous laissa pour souvenir la question et la torture que Louis XVI se fit un devoir d'abolir lors de son avénement au trône. Ce roi philosophe voulut que son règne s'annonçât par un acte aussi solennel : cette réforme importante dans la jurisprudence criminelle, doit nous pénétrer de la plus vive reconnaissance ; elle place Louis XVI au rang des monarques qui se sont le plus distingués par leur humanité. Faut-il qu'une catastrophe épouvantable ait tranché le fil de ses jours !... mais qui les a tranchés ces jours précieux? ce n'est pas le grand et généreux peuple français ; non, ce n'est pas le peuple français, son amour et son dévouement pour ses rois ne se sont jamais démentis : on voudrait en vain l'accuser d'un parricide ; ses mains sont

pures du sang précieux qui a été si indigne-
ment répandu!!! Mais si la vérité se dérobe
encore à nos yeux, nos neveux la connaîtront;
oui, l'inflexible histoire saura soulever le voile
épais qui couvre encore certains événements de
cette trop mémorable époque.... Hélas! tandis
que l'on commettait ce régicide, la France elle-
même gémissait sous la plus déplorable oppres-
sion : la France était innocente et victime !

Trois frères ont vu passer dans leurs mains
augustes le sceptre de notre belle patrie, et leur
règne sera célèbre dans l'avenir.

Louis XVI abolit la servitude du Jura (19),
la question, la torture et tous les supplices re-
poussants (20); ces legs affreux que nous avait
faits l'inquisition. Il pensait, avec raison, qu'il
ne fallait pas accoutumer le peuple à contempler des cruautés, et que l'habitude de voir
couler le sang pouvait souvent exciter à le ré-
pandre.

Louis XVIII nous a donné la Charte constitutionnelle, cet inappréciable monument d'une
haute sagesse qui a si heureusement lié le
peuple et le trône, cet objet sacré de l'amour
des vrais amis de la patrie et de la liberté, cet
épouvantail des apôtres de l'absolutisme, de la
servitude, du fanatisme et de la tyrannie : c'est
pour eux la tête de Méduse.

Le maintien du pacte·fondamental, la reconnaissance de l'émancipation de Saint-Domingue
aujourd'hui Haïti, les traités faits avec divers
états de l'Amérique et ceux qui pourront l'être
encore, les étonnants progrès des manufactures
et de l'industrie, ceux des sciences et des arts,
l'instruction que possède la jeunesse française,
l'indépendance et la fermeté du pouvoir judiciaire, l'intervention dans la guerre d'Orient et
la coopération à l'affranchissement de la Grèce,
seront des titres assez puissants pour illustrer
le règne de Charles **X**.

Un homme d'un génie extraordinaire a long-
temps placé la France au plus haut degré de
gloire militaire : l'Europe a connu sa puissance,
le monde entier a respecté son nom. Le nom
de Napoléon sera répété par nos derniers neveux, et la postérité le placera auprès de ceux
que Mnémosyne s'est plu à buriner au temple
de mémoire en caractères ineffaçables : sous lui,
et pendant la guerre, les arts ont fleuri, les
sciences ont prospéré, et l'industrie française
a commencé à prendre ce noble élan que le
bruit des armes ne pouvait que comprimer et
dont la paix a facilité l'essor; mais, adoptant
pour devise ce mot qui, joint à la révocation
de l'*Édit de Nantes*, ternit tout l'éclat du règne
de Louis **XIV** : *l'état c'est moi*, il a trop oublié

qu'il commandait à un peuple généreux et éclairé. Égaré par l'étendue de son vaste pouvoir, Napoléon croyait être seul appelé à régler les destinées de l'empire : il foula aux pieds la constitution, et rendit muet le sénat; ses lois, presque toujours adoptées sans examen par le corps législatif, prenaient de plus en plus le caractère despotique et perdaient conséquemment toute leur constitutionnalité; enfin, sous lui, la patrie n'était rien et le monarque était tout.

Privé de l'appui de la nation dont il s'était isolé en sacrifiant ses intérêts à sa propre renommée, il succomba ; et une nouvelle ère commença pour la France.

Forcée de renoncer à ses conquêtes et de payer fort cher les lauriers qu'elle avait cueillis, mais riche de son sol, la France tourna ses efforts vers l'industrie et le commerce.

Depuis la fatale époque de 1815, tout pour elle a changé de face; on a appris à comprendre cette charte constitutionnelle qui, bien observée, peut être la base de la félicité publique ; on a senti la nécessité de recouvrer cette liberté dont on avait oublié jusqu'au nom et qui avait cependant enfanté tant de prodiges.

On voit aujourd'hui s'élever sur tous les points de la France d'immenses fabriques et de

nombreuses manufactures ; la mécanique, par
ses savantes combinaisons, vient leur prêter un
puissant secours , et le commerce reprend son
ancienne splendeur. Si le ministère se montre
enfin protecteur des intérêts publics et particuliers, si des débouchés sont partout ouverts
à nos produits, nos vaisseaux couvriront bientôt
toutes les mers et visiteront les contrées les plus
lointaines : c'est le commerce qui fait la richesse des états , mais la liberté seule peut
assurer leur indépendance.

FIN.

NOTES

Explicatives & Historiques.

(1) PAGE 7.

J'ai cru devoir commencer ce petit ouvrage par une narration succinte des diverses condamnations que j'ai éprouvées, et par quelques détails sur les principaux événements de ma vie : il est bon que le lecteur connaisse un peu celui qui lui parle. Je me suis ensuite occupé de jeter un coup d'œil sur l'intérieur du Bouffai, où j'ai tout vu et tout examiné . j'ai pris avec soin des notes sur divers prisonniers dont la situation me semblait présenter de l'intérêt et pouvait donner lieu à quelques observations. Entraîné par mon sujet, j'ai traité quelques matières étrangères à la prison que j'habite, et ces matières m'ont paru nécessiter des notes explicatives et historiques. Je proteste d'avance contre toute interprétation maligne que l'on pourrait prêter à mes phrases : je n'ai voulu que raconter fidèlement, sans avoir aucunement le dessein de blesser personne. Cette protestation n'est pas inutile dans un temps où le système des interprétations est si étendu.

Il n'est peut-être pas hors de propos d'ajouter ici que la censure à Paris, Lyon, Marseille et Bordeaux n'a pas voulu laisser insérer l'annonce préliminaire de ce petit ouvrage dans les feuilles qui s'y publient. La censure à Nantes a agi d'une manière diamétralement opposée.

(2) PAGE 14.

Voici ce que l'on trouve dans le tome 9, page 44, du Dictionnaire bibliographique, édition de 1810, imprimée à Paris, chez Prudhomme fils :

« *Mangin (Charles)*, né à Mitry, près de la ville de Meaux, le 2 mars 1721, fut élevé à Juilly. Dès sa plus tendre enfance, son goût se manifesta pour l'architecture: son oncle (Lottin, imprimeur-libraire, à Paris), jaloux de seconder de si heureuses dispositions, lui fit apprendre les mathématiques, le dessin, et le plaça successivement chez plusieurs architectes, où des progrès rapides justifièrent la bonne opinion qu'il avait eue de son neveu. Nous n'entreprendrons point de suivre Mangin dans la carrière qu'il a parcourue; nous nous contenterons de citer les monuments publics dont l'entreprise et la direction lui furent confiées à Paris : La *Halle-aux-Blés*, la *Garre*, le *Séminaire du Saint - Esprit*, les *fondations* et l'*élévation* du *portail* de la ci - devant église de Saint - Barthélemi , la *restauration du portail* de Saint - Sulpice, l'*élévation* de ses tours, et surtout l'*achèvement* des chapelles inférieures, d'une belle exécution et d'un beau fini ; l'*église du Gros-Caillou* ; et, d'après ses *plans*, un grand nombre de bâtiments, parmi lesquels on distingue la *maison de La Rive*. Les arts lui doivent aussi deux superbes *châteaux*, l'un situé à Montebise, près de la Ferté-sous-Jouarre, et l'autre à Montaud. Agé de 75 ans, Mangin s'occupait même d'un projet d'embellissement pour la capitale. Ce projet, qu'il soumit à la Convention nationale et au Lycée des Arts, lui valut une mention honorable et une médaille du Lycée. »

(3) PAGE 15.

On lit dans un ouvrage publié en 1824, et intitulé *Quelques notes sur la ville de Nantes*, page 83, la citation suivante:

« La plus grande partie du pont de Pirmil, entraînée par les eaux de la Loire, fut rebâtie en 1711, par Jean et Louis Laillaud, sur les dessins de Gabriel, architecte du Roi. Nous devons au même Louis Laillaud la belle arche de la Poissonnerie, de 68 pieds d'ouverture, 20 d'élévation depuis les basses eaux jusqu'à la clef. Ce pont, large de 32 pieds, non compris les banquettes ou trottoirs de chaque côté, présentait les plus grandes diffi-cultés dans sa construction ; une culée est assise sur un vieux mur de ville, et l'autre repose sur des sables d'alluvion. On prédit à Louis Laillaud, qu'il croulerait avant d'être achevé, d'après la disconvenance des deux assiettes opposées : *Mettez*, répondit cet habile architecte, *autant de pièces de six liards, les unes sur les autres, qu'il y aura d'assises à la culée sur la grève de la Saulzaie, et vous verrez, quand celle-ci sera finir, qu'elle n'aura pas tassé de la hauteur de la petite colonne mé-tallique.* Ce fut cette dernière prédiction qui se trouva réalisée.

(4) PAGE 33;

M. le Préfet avait d'abord nommé trois censeurs : MM. *Joseph Walsh, Joseph de Bouteiller* et *Alphonse de Contensin.* Mais M. Joseph Walsh, directeur des postes, ayant refusé cette fonc-tion, la commission de censure n'a plus été composée que de deux membres : MM. *Joseph de Bouteiller* et *Alphonse de Con-tensin.*

Les deux censeurs qui nous sont restés sont deux hommes fort estimables sans doute, mais trop jeunes pour exercer une fonc-tion qui entraîne après elle une aussi grande responsabilité. L'un d'eux, M. J de Bouteiller, porte un nom respectable à plus d'un titre : MM. Bouteiller, son père et son aïeul, ont long-temps dirigé les opérations de la maison qu'ils avaient formée à Nantes, et qui était une des plus recommandables de cette place ; M. A. de Contensin est secrétaire de M. le Préfet. Je rends avec plaisir hommage aux qualités personnelles de nos deux jeunes censeurs, je rends justice à la droiture de leurs in-tentions, mais je ne puis m'empêcher de dire que, pour qu'ils puissent porter et diriger convenablement les ciseaux de la parque littéraire, Lachesis n'a pas encore assez filé pour eux.

M. Walsh, en les abandonnant à eux-mêmes, les a privés d'un guide instruit et expérimenté : il est fort à regretter que d'autres travaux aient ainsi empêché l'auteur des *Lettres Vendéennes* d'aider MM. J. de Bouteiller et A. de Contensin à soutenir le poids dont ils sont chargés.

Au commencement d'octobre, M. J. de Bouteiller a été faire à Paris un voyage d'un mois : il a repris ses fonctions le 2 novembre suivant. Pendant ce temps, M. A. de Contensin a composé, à lui seul, la commission organisée pour notre département. Si le séjour de M. J. de Bouteiller dans la capitale s'était prolongé jusqu'à l'expiration de la censure, quelques amateurs officieux n'aurait pas sans doute manqué de venir assister M. A. de Contensin : il se serait toujours trouvé quelqu'un qui n'eût pas mieux demandé que d'exercer, pourvu qu'il ne fût pas titulaire.

Jusqu'à présent la censure à Nantes n'a pas été très-méchante: elle a par-ci par-là rayé quelques articles ou quelques lignes, comme pour prouver qu'elle n'était pas endormie ; mais, en récompense, elle a assez souvent laissé passer des phrases tout aussi hardies qu'une grande partie de celles dont elle a défendu l'impression : croire qu'elle ne les a pas aperçues, qu'elle n'en a pas saisi le sens, ce serait lui faire injure ; penser qu'elle a su comprendre l'esprit de chaque idée, et qu'elle en a reconnu toute la force et toute l'utilité, c'est rendre à sa sagacité la justice qui lui est due. D'un autre côté, la censure, par trop enivrée de la puissance temporaire qu'elle exerce sur la pensée, a osé porter la main sur les extraits d'un écrit de M. le vicomte de Châteaubriant, pair de France ; elle a été plus loin, elle a censuré la censure même, puisque des articles approuvés et publiés à Paris sont ici tombés sous ses coups !.... Enfin, oubliant que nos lois proscrivent positivement les enfants de Loyola, elle a marqué de son sceau réprobateur tout ce qu'on a voulu dire contre cette infernale société ! Bien des gens croiront qu'en agissant ainsi nos censeurs ont voulu lui servir d'égide, mais moi, qui n'adopte point une telle opinion, je suis persuadé que la distraction ou l'inadvertance ont pu seules s'opposer à la publicité de tous les traits que l'on dirigeait contre le jésuitisme.

Les membres de la commission de censure à Nantes se respectent trop, ils tiennent trop à l'estime publique pour vouloir que le titre de défenseurs des jésuites leur reste, et qu'il soit la digne récompense du pouvoir absolu qu'ils auront un instant exercé sur la presse périodique.

(5) PAGE 40.

*'(Cette note m'a été fournie par M. **.)*

La maison de détention actuelle, le Bouffai, est un faible reste de l'aile occidentale d'un vaste château fort que, sous le nom de *Boffredum* ou *Bufetum*, Conan Ier dit le Tort, fit bâtir, en 990, à l'affluent de l'Erdre, rivière qui jusqu'en 1220 coulait là où est maintenant la rue de la Poissonnerie. La Loire n'a acquis un bras, de ce côté, que par le canal que vers 565 Saint-Félix fit ouvrir entre les prairies de Mauves et de la Magdeleine. Auparavant, tout l'espace compris entre l'Isle Gloriette et la Fosse n'était qu'un marais sillonné par les eaux, plus ou moins stagnantes, du Sail et de l'Erdre. En creusant les fondations de ce château du Bouffai, on trouva la tête de Saint-Pol-de-Léon, laquelle fut portée au couvent de Saint-Florent, d'où elle a été transférée, en 1736, dans l'église de Saint-Pol-de-Léon.

Le château du Bouffai s'étendait en longueur depuis la tour ronde, encore existante à l'angle vers le couchant, jusque, en remontant au-de-là de la rue du Port-Maillard, où l'on en a dernièrement abattu quelques murailles : on voit encore sur le bord de ce fleuve, la base des tours qui le flanquaient au midi. Dans sa largeur, il atteignait l'emplacement des églises Sainte-Croix et Saint-Saturnin, lequel fonds fut d'abord concédé à titre d'héritage à des familles laïques; mais les moines de Marmoutier, principaux donataires de bénéfices nantais, en obtinrent, en 1101, l'investiture de la comtesse Ermengarde et du duc Conan, dans une chapelle située proche du Bouffai.

Point central de la ville rebâtie après l'incendie général de 1118, le château du Bouffai resta non-seulement la place d'armes et l'arsenal , mais devint encore le lieu de réunion des divers gouvernements, des administrations, des corporations, etc.

Ce fut dans la grande cour de cette forteresse que, en 1385 , eut lieu le fameux duel de Beaumanoir et du sire de Tournemine. Cette cour , dont le sol sert aujourd'hui de marché public et de place pour les exécutions qui, avant 1642 se faisaient au Pilori (place Bourbon) où la *justice du Roi* qui était jadis sur la place Saint-Pierre, avait été portée en 1555, était entourée de galeries qui durèrent jusqu'au XVI⁰ siècle. La commune n'a cessé de tenir ses assemblées en ce lieu, appelé alors la maison des Engins (arsenal), que lorsqu'en 1494 elle les transporta à la prévôté, aux Changes d'où , en 1575 , elle les transféra de nouveau maison Bizait, rue de Verdun, commode , dit la délibération , *pour le collège de céans, les juges , les docteurs régents et l'arsenal de la ville.*

Le premier palais de justice fut établi au Bouffai en 1477, et c'est de cette époque qu'il faut dater la permanence des prisons dans les chambres basses et les casemates du vieux château. Ce palais seul a été reconstruit, tel que nous le voyons aujourd'hui ; et le présidial qui depuis 1742 tenait ses séances aux Jacobins , y rentra en 1738, année dans laquelle la Prévôté y fut réunie.

La tour de l'horloge a été édifiée de 1661 à 1663 ; la cloche , qui pèse 16,532 livres , conserve le plus beau son quoiqu'elle soit trouée, en partie, aux endroits que le marteau a successivement frappés. C'est là notro beffroi d'alarmes , reste des anciennes convocations aux réunions communales que , sans s'en douter, la féodalité ouvrit pour source féconde de l'affranchissement et de la liberté du peuple.

La halle du Bouffai fut consumée par le feu , dans la nuit du 17 au 18 février 1718 ; et c'est à cet événement que l'on doit l'achat des premières pompes à incendie, et la création du corps de pompiers en notre ville.

(Voyez *Quelques notes sur la ville de Nantes, par* J. J. LECADRE, vol. in-8°, de 287 pages, imprimé chez moi en 1824, devenu très-rare depuis l'incendie de la librairie de Dauthereau, au Palais-Royal.)

(6) PAGE 49.

Dans le fort de la révolution, Carrier était le Robespierre de Nantes.

Feu Cardaillac était à Nantes, en 1815, commissaire général de police : son indigne conduite lui attira le mépris et la haine universels, et lui mérita l'affreux avantage d'être placé sur la même ligne que Carrier.

Je crois devoir terminer cette trop courte note, par les vers suivants qu'un nantais improvisa au moment où il apprit la mort de Cardaillac :

> Marat, Robespierre, Danton
> Et les bonnets-blancs, leurs confrères,
> Avaient élu devant Platob
> Carrier, Lebon, pour secrétaires.
> Il fallait comme président
> Un fanatique atrabilaire
> Dont l'âme encor plus sanguinaire
> Fit trembler et mort et vivant.
> L'honneur du choix divisait l'assemblée
> Quand sous le froc Cardaillac apparut..
> A son aspect la discorde se tut,
> Et le saint homme eut la place d'emblée !

(7) PAGE 66.

On élève les nouvelles prisons dans le quartier du Calvaire ; les constructions nouvelles seront contiguës à l'hospice des prisons vulgairement appelées *les Frères*.

D'après les renseignements qui m'ont été fournis et que je n'ai pu faire entrer dans le texte de cet ouvrage, il me semble que la division qu'on y a adoptée est bien entendue.

Au logement du concierge, sont attenants : 1° des chambres à un ou à plusieurs lits pour les prisonniers d'une certaine classe ; 2° la pistole.

Les Personnes en état d'arrestation provisoire, les prisonniers pour dettes, les condamnés de simple police, ceux de police correctionnelle et de cour d'assises, pourront être séparés : ainsi, on ne verrait plus les prévenus jetés au milieu d'hommes corrompus, de criminels endurcis dont la société est déjà un supplice.

Les enfants, les femmes, les détenus civils et militaires, auraient donc des corps de logis distincts ; chaque corps de logis serait subdivisé et aurait des cours privatives. On réserve en outre une grande cour centrale et un vaste préau. Il serait à désirer que les chambres destinées au secret fussent placées dans la partie supérieure de l'édifice, et je sais que la chose est possible. On ne m'a point parlé de cachot ; mais si contre toutes les lois divines et humaines on veut absolument en établir, ne serait-il pas plus naturel de consacrer à cette destination une pièce saine et aérée ? Je le repète, le but de la loi est plutôt de corriger que de punir : aucun législateur n'a pensé qu'il fallût compromettre l'existence d'un condamné, par le froid, l'humidité ou la privation d'air.

(8) PAGE 67.

Sous le règne de la terreur, M. S*, l'un des plus estimables négociants de Nantes, fut mis à mort comme accapareur de grains : après l'exécution on reconnut l'injustice de cette condamnation ; et l'on apprit, en lisant ses papiers, que M. S* avait fait, pour des achats de grains pendant la disette, des sacrifices dont sa fortune avait considérablement souffert.

A cette même époque, Pierre-Toussaint Tessier, aussi négociant, adjudant-major dans la garde nationale, reçut l'ordre de commander pour le soir un certain nombre d'hommes et de les faire rassembler à la Halle (c'était là que l'on réunissait ordinairement les forces qui étaient chargées d'escorter les victimes que l'on devait sacrifier). Tessier ne put retenir son indignation : *Va dire à Carrier*, s'écria-t-il avec l'accent de l'énergie et en rendant l'ordre écrit de la place : *va dire à Carrier que je n'ai point d'assassins dans ma compagnie !* = *Comment ! tu ne commanderas pas ?* dit alors celui qui apportait l'ordre, je

*suis obligé d'en faire mon rapport à l'état-major. = Non! je
ne commanderai pas! .... Je sais à quoi je m'expose en me
conduisant ainsi; mais je suis armé jusqu'aux dents, et j'aime
mieux d'ailleurs être victime que bourreau.* Cette courageuse
résolution n'eut point de suites funestes. On sait cependant
que dans ces temps de douleur il en fallait beaucoup moins
pour être envoyé sur les bateaux à soupape ou à l'échafaud.

(9) PAGE 78.

Voici la copie du bulletin de sortie qui a été remis à
M. Garcia.

PRISON DU BOUFFAI.

Je certifie que le sieur *Philippe Garcia*, écroué ce jour
par ordre de M. le maire de Nantes, a été mis en liberté par
ordre de M. le préfet, à la disposition duquel magistrat il a
été incarcéré.

Nantes, le 12 septembre 1827.

Pour le concierge,

BERTHELON, commis-juré.

(10) PAGE 84.

On assure que le ministère s'occupe d'améliorer la navigation
de la Loire depuis Orléans jusqu'à Paimbœuf. Deux projets
paraissent plus particulièrement fixer l'attention du gouvernement : l'un tendrait à faire un canal latéral à la Loire ; l'autre
aurait pour résultat de canaliser le fleuve même. On n'est pas encore bien fixé sur le plan qui serait définitivement adopté ; mais
quel qu'il soit, s'il facilite les communications de Nantes avec
Orléans et conséquemment avec Paris, il comblera tous les vœux
du commerce.

La chambre de commerce de Nantes , toujours composée
de négociants instruits et éclairés ; la chambre de commerce ,
dont les yeux sont continuellement fixés sur tout ce qui concerne
nos intérêts maritimes et industriels, a présenté, à diverses époques,

des mémoires lumineux sur la nécessité de nettoyer la Loire depuis Nantes jusqu'à Paimbœuf, et sur les moyens à employer pour débarrasser ce fleuve des bancs de sable qui empêchent les navires d'une certaine force d'arriver jusqu'au port ; penserait-on enfin à consulter ces mémoires, et à faire droit aux justes réclamations qu'ils contiennent.

(11) PAGE 84.

On est surpris du grand nombre et de l'importance des acquisitions que font les séminaires, les couvents et les corporations religieuses : sur tous les points de la France ils bâtissent et se multiplient. Le petit séminaire de Nantes a acquis, il y a déjà quelque temps, *La Barberie*, belle maison de plaisance située à une demi-lieue de Nantes, sur la route de Rennes.

Le 1ᵉʳ octobre 1827, il y a eu à Marseille une procession pour l'installation des capucines dans le nouveau couvent estimé, y compris le terrain, 250,000 francs. La maison est assez spacieuse pour contenir 84 cellules, outre les autres appartements. Il paraît d'abord surprenant qu'un couvent d'ordre mendiant ait pu se procurer assez d'argent pour élever un pareil édifice. Mais chaque semaine un frère lai vient dans toutes les maisons faire une quête en espèces. La mendicité est donc autorisée pour cet ordre ainsi que pour celui des clairistes, qui fait également quêter toutes les semaines par un frère lai.

Les capucins se sont aussi installés à Marseille dans un local beaucoup plus grand que celui qu'ils occupaient ; ils font leurs quêtes tant en ville que sur les marchés.

(12) PAGE 84.

Un monastère de trappistes s'est établi il y a environ dix ans, à la Melleraie près de Nantes, où ces moines ont acheté de grands biens qu'ils augmentent tous les jours ; ils ont aussi élevé, dans l'intérieur de leur communauté, diverses fabriques dont les produits sont répandus sur notre place par des chargés d'affaires. A l'exposition des produits de l'industrie départementale de la Loire-Inférieure, de 1825, les trappistes ont obtenu une

médaille d'argent pour la fabrication de cuirs corroyés dont ils
avaient déposé divers échantillons, mais ils ont eu la pudeur de
ne pas se présenter à la séance publique de la distribution des
prix, et de ne pas figurer à l'exposition de 1827. En France,
l'existence des trappistes et de tout autre ordre de religieux est
une violation manifeste de nos lois : ces lois proscrivent positivement les monastères d'hommes, et n'autorisent, sous certaines conditions, que les couvents de femmes. Maintenant, si
l'on considère les trappistes comme manufacturiers et comme
commerçants, ne peut-on pas demander s'ils sont en société
nominale ou en société anonyme ? dans le premier cas, on
devrait connaître la *raison* de cette société nominale ; et dans
le second, la société anonyme devrait avoir été autorisée par une
ordonnance royale légalement publiée, et à laquelle seraient joints
ses statuts. Ne serait-il pas possible d'examiner ensuite jusqu'à
quel point la vocation religieuse et l'abjuration des biens de ce
monde peuvent coïncider avec les soins du commerce ; et comment on peut faire sympathiser le vœu de pauvreté avec l'amour
des richesses ? La fabrication de divers articles, la vente de
plusieurs produits sur les marchés des environs, et le débit du
vin, de la bière, des volailles, etc., joints au revenu des biens
qu'ils possèdent, assurent à ces pieux cénobites des rentrées
annuelles bien supérieures à ce qu'ils dépensent : ils thésaurisent,
et ce sont des fonds perdus pour la circulation. Il me semble qu'il
y a ici incompatibilité et défaut d'équilibre. Un monastère peut-il
donc être ainsi converti en fabrique et en manufacture ?... L'esprit
ambitieux et spéculateur des moines de nos jours, ne se trouve-t-il
pas en opposition directe avec la morale de l'histoire sainte qui
nous apprend que les vendeurs ont été chassés du temple ?

(13) PAGE 90.

Un fait récent vient à l'appui de cet avis : *Paul - François
Hincq*, soldat volontaire à la 1re compagnie de fusiliers disci-
plinaires en garnison au fort de Querqueville, près de Cher-
bourg, exerça le 15 juillet 1827 des violences envers son caporal
et lui porta notamment un coup de pied et un coup de poing : il

fut traduit devant le conseil de guerre qui le condamna à mort. Après lui avoir lu sa sentence, on le prévint qu'il avait vingt-quatre heures pour se pourvoir en révision : mais Hincq, avec l'accent d'une détermination profonde, déclara qu'il n'entendait point user de cette voie. Ce fut en vain que, dans le temps du délai prescrit, les exhortations les plus pressantes lui furent adressées pour l'engager à profiter de ce bénéfice de la loi; rien ne put vaincre sa résolution. « Je connais, disait-il, la gra-
» vité de ma faute; la loi la punit de mort, et je préfère subir
» cette peine que de courir les chances de la voir convertie en
» celle des fers, qui imprimerait pour jamais l'ignominie sur
» mon front et flétrirait l'honneur de ma famille. » Hincq a été fusillé le 28 septembre dernier.

(14) PAGE 90.

Le barreau français est généralement d'accord pour réclamer l'abolition de la peine de mort : tous les ouvrages de jurisprudence qui paraissent, consacrent cette opinion qui se propage de plus en plus. Quelques écrivains qui se sont occupés des réformes à faire dans notre législation criminelle, se sont également élevés contre la peine des travaux forcés à temps et contre la marque; elle frappe de réprobation un homme qui, rentré dans le monde et conséquemment quitte envers la loi, est partout rejeté du sein de la société : le chemin de la vertu lui étant fermé, ce malheureux, livré au mépris public, condamné à un avilissement perpétuel, peut difficilement éviter de rentrer dans la route du crime.

La société d'agriculture, des sciences et belles lettres, de Mâcon, s'est occupée de ce point important; elle avait arrêté qu'une médaille d'or serait décernée à l'auteur du meilleur mémoire sur cette importante question : « Indiquer en remplace-
» ment des travaux forcés, une peine qui, sans cesser de satis-
» faire aux besoins de la justice, laisse moins de dégradation
» dans l'âme du condamné, et proposer les mesures à prendre
» provisoirement pour que les forçats ne soient plus livrés à la
» misère par l'opinion qui les repousse, et que leur présence ne

» menace plus la société qui les reçoit. » La médaille a été décernée à M. le chevalier Quentin, lieutenant-colonel de cavalerie,
en retraite à Châteaudun. Il serait à désirer que le mémoire de
M. Quentin fût livré à l'impression.

(15) PAGE 90.

*(Cette note m'a été fournie par M. ***.)*

Voltaire a dit : « On a tant parlé des jésuites, qu'après avoir
» occupé l'Europe pendant deux cents ans, ils finissent par l'en-
» huyer, soit qu'ils écrivent eux-mêmes, soit qu'on écrive pour
» et contre cette singulière société. » Quoi qu'il en soit, nous
pensons qu'on ne lira pas sans intérêt quelques notes historiques
sur un ordre dont les membres exercent aujourd'hui une influence si marquée sur les destinées de notre pays.

Institués par le pape Paul III, en 1540, les jésuites, dont
le nombre était fixé à soixante, ne tardèrent pas à se multiplier
d'une manière effrayante. Prêchant partout le régicide, substituant leur morale corrompue aux principes conservateurs de la
société, palliant les vices, encourageant le crime à l'aide de leurs
perfides restrictions et de leurs subtiles probabilités, ils de-
vinrent bientôt un juste sujet d'effroi pour tous les gouvernements. Mais les poursuites qu'on exerça contre eux, loin de
vaincre leur audace, prêtèrent de nouvelles armes à leur aveugle
fanatisme. Henri III, Henri IV, Maurice de Nassau, le roi de
Portugal, tombèrent sous leurs poignards assassins. Elisabeth et
Louis XV faillirent avoir le même sort.

Les jésuites formèrent à Londres la conspiration des poudres;
ils allumèrent la guerre civile en Pologne, en Bohême et en
Moravie; au Japon, ils fomentèrent des troubles qui produisirent
les plus sanglantes catastrophes; enfin, dans notre malheureuse
patrie, ils conseillèrent la révocation de l'Edit de Nantes, mesure
que les historiens ont jugé avec toute la sévérité qu'elle méritait.

Chargés de tant de forfaits, et bien que chassés successivement de tous les états d'Europe, les jésuites ourdissaient encore
en France leurs trames criminelles, lorsqu'une banqueroute scan-
daleuse de ces dignes apôtres du vol et du mensonge, donna

lieu d'examiner leurs constitutions. Le secret de leur ambition, leurs projets de domination universelle, la perversité de leur doctrine furent dévoilés, et alors fut rendu le fameux arrêt du parlement de Paris, du 27 mai 1762, qui mit fin à leur existence.

Voici comment y est peint cet ordre infernal : « Une secte reli-
» gieuse dont les constitutions sont injurieuses à la majesté divine
» et à la majesté des rois, attentatoire à leur personne sacrée et à
» leur autorité, injurieuse à tous les corps, destructive de la
» liberté naturelle des esprits et des consciences, contraire au
» droit naturel et au droit divin, au droit des gens et à celui de
» toutes les nations, au bien et à la paix des états, à la sûreté
» des contrats et des conventions des particuliers. » (Extrait du considérant de l'arrêt précité.)

Notre immortel compatriote, le vertueux La Chalotais, avait préludé à cet acte de justice par ses adresses au parlement de Bretagne, adresses qu'on a toujours regardées comme des chefs-d'œuvre d'éloquence et de discussion, et qui lui valurent, dans les temps, les poursuites les plus odieuses.

En 1773, Clément XIV abolit les jésuites par toute la terre : un autre pape, Pie VII, rétablit leur société en 1814. C'est de cette époque que date leur invasion en France ; ou du moins c'est alors qu'ils commencèrent à déposer le masque sous lequel ils se cachaient. Depuis ils ont marché front levé ; et sous les noms de *pères de la Foi*, de *frères du Sacré-Cœur*, &c., ils ont étendu chaque jour leur funeste domination.

Béranger fut le premier à signaler l'existence de cet ordre re-douté. Il le combattit dans plusieurs de ses spirituelles chansons et notamment dans celle intitulée *les révérends pères* ; nous en extrairons ce portrait d'une effrayante vérité :

> « Enfin, reconnaissez-nous
> » Aux âmes déjà séduites,
> » Escobar va sous nos coups
> » Voir vos écoles détruites.
> » Au pape rendez tous ses droits ;
> » Léguez-nous vos biens et portez nos croix :
> » Nous sommes, nous sommes Jésuites,
> » Français, tremblez tous ; nous vous bénissons ! »
> . . . .

Mais que pouvait le fouet de la satire sur ces audacieux sectaires ? Un pouvoir occulte avait pris l'engagement de les protéger contre des coups bien autrement terribles.

Un respectable ecclésiastique, M. Macé de la Roche Arnaud, fit connaître au public leurs menées insidieuses, leurs manœuvres impies pour se créer des adeptes : le courageux Montlosier les dénonça à la magistrature et à la chambre des pairs, comme formant une corporation proscrite par nos lois ! .... Hélas ! les efforts de ces dignes citoyens n'eurent pas plus de succès que les décisions mémorables qu'ils avaient provoquées ; *Mont-Rouge* et *Saint-Acheul* triomphèrent de ces attaques répétées, et le ministère alla jusqu'à défendre à la tribune, la société perverse qu'il couvre aujourd'hui de son égide censoriale.

Ne désespérons pourtant pas du salut de la cause nationale. Il est encore un moyen de protester contre l'usurpation de la faction jésuitique Songeons aux prochaines élections ! Nommons des députés qui sachent également défendre les droits du trône et ceux du peuple ! des hommes inaccessibles aux séductions du pouvoir, qui réclament le maintien des institutions que nous a garanties la charte ! alors le vœu de M. de Montlosier, nous voulons dire celui de la France, sera compris en même-temps qu'exaucé.

Un dernier mot sur les enfants de Loyola.

ACROSTICHE.

Jouvency parcourut la terre
En préchant le meurtre des rois;
Savants ont, en dogmes adroits,
Unir le vol à l'adultère :
Ignore pour fouler ses lois,
Trouvant leur zèle trop timide,
Escobar parut..... à sa voix
S'arma la main du parricide !....

Jouvency, né à Paris en 1643. Il se rendit à Rome pour continuer *l'histoire des jésuites*. C'est dans cet ouvrage qu'il osa mettre les assassins de nos rois au nombre des martyrs : aussi son livre fut-il brûlé par arrêt du parlement de Paris.

Sanchez, fameux jésuite de Cordoue, célèbre par son *traité du mariage*, ouvrage plein de discussions lubriques que la plume se refuse à rapporter. Si quelqu'un, dit-il, veut jurer, sans s'obliger à tenir son serment, qu'il estropie les mots ; par exemple, qu'il dise *uro* (je brûle) au lieu de *juro* qui signifie *je jure*.

Ignace de Loyola, fondateur de la compagnie de Jésus. Ce fut lui qui obtint de Paul III la bulle d'institution des jésuites, en s'engageant à n'en jamais porter le nombre au-delà de 60 et à dire tous les ans 3000 messes pour le souverain pontife. On sait comment le premier de ces serments a été tenu ! ....

Escobar, célèbre casuiste espagnol. Il enseigna, dans un de ses ouvrages, que les enfants catholiques sont obligés de dénoncer leurs pères coupables d'hérésies, lors même qu'ils sauraient que leurs pères doivent être livrés aux flammes ; il dit ailleurs qu'ils peuvent même leur refuser des aliments, jusqu'à les laisser mourir de faim.

(16) PAGE 90.

Afin que ceux de mes lecteurs qui n'ont lu aucun des ouvrages publiés sur le Saint-Office puissent avoir une idée de cette infernale institution, je vais puiser dans l'*histoire des inquisitions*, publiée en 1809, par *Joseph Lavallée*, tous les renseignements qui pourront m'aider à remplir cette tâche.

Aujourd'hui tout le monde a quelqu'idée de l'inquisition que j'appelle le superlatif du jésuitisme, comme le jésuitisme est le comparatif de l'hypocrisie ; mais tout le monde ne connaît pas la manière dont on y administrait la question, ni la terrible cérémonie de l'auto-da-fé : c'est sur ces détails que je veux un peu m'appesantir.

C'est principalement dans la Péninsule que l'inquisition jeta de profondes racines ; elle acquit, surtout en Espagne, la plus vaste domination, tout était soumis à sa puissance, et le peuple et les grands, elle maîtrisa même les rois.

Charles Quint, roi d'Espagne, avait fait un testament dans lequel il y avait peu de legs pieux et de fondations de prières ; ce testament fut condamné par l'inquisition à être brûlé, ainsi que les trois principaux légataires du monarque ; don Carlos, fils de Philippe, eut le même sort ; mais par une déférence toute bénigne l'inquisition lui laissa le choix du supplice : le prince se fit mettre dans un bain d'eau chaude, où il mourut par la saignée. Le Saint-Office n'osa pas trancher les jours de Philippe III, mais elle le condamna à être saigné sur la place publique, et à y voir son sang brûlé par la main du bourreau. Le corps d'une reine fut exhumé et jugé. Don Juan IV, roi de Portugal, s'était toute sa vie opposé à l'établissement de l'inquisition ; après sa mort, le saint tribunal donna l'absolution à son cadavre, en présence de sa famille et devant toute la cour.

Sous Napoléon, les armées françaises abolirent l'inquisition d'Espagne ; elles démolirent ses prisons et ses cachots, mais elles ne purent tout-à-fait détruire sa puissance. Nos héros ont abattu l'hydre de Lerne ; mais ce monstre semble aujourd'hui renaître de ses ruines ; il essaie de lever une tête altière et veut à toute force reconquérir son ancienne domination ; le peuple lui-même, le peuple, cette innocente victime de ces exactions, fanatisé par ces innombrables moines, demande le rétablissement du Saint-Office et crie : *Vive l'inquisition!* ... il vaudrait mieux qu'il dît : je veux qu'on m'opprime, je veux qu'on me fustige ! ..... je veux voir rallumer les bûchers ! je veux qu'on me décime pour alimenter les auto-da-fé !.... je veux que l'on travaille ainsi pour la plus grande gloire de Dieu .... Pour la plus grande gloire de Dieu ! .... Eh ! malheureux, votre raison s'égare, on a surpris vos sens! .... Qui vous a donc peint comme une divinité affamée de victimes, un Dieu de miséricorde et de bonté ? .... Non ! le Dieu des chrétiens n'est point un dieu de terreur et de vengeance! ...... On vous trompe pour vous soumettre, on vous abrutit pour vous spolier ! Ouvrez donc enfin les yeux ; repoussez de perfides suggestions, et sachez que le seul sang qui puisse être versé avec quelque gloire, est celui que l'on répand pour sa patrie ! ! !

Rien n'était sacré pour l'inquisition, dont le chef avait la puissance la plus absolue et la plus vaste. ses familiers dont nos espions modernes sont la vivante image, s'introduisaient dans le sein des familles, s'immisçaient dans toutes leurs affaires, surprenaient leurs secrets, et portaient partout le trouble, la défiance, la séduction, le désespoir et la mort. Les richesses de l'inquisition étaient immenses, et elles s'augmentaient encore d'une multitude de vols, de rapines et de confiscations : rien n'était sacré pour une institution qui se disait sainte et sacrée : le Saint-Office héritait de ses victimes, spoliait les successions et assassinait ceux dont il voulait dévorer la fortune.

Les infortunés que l'inquisition avait frappés de son sceau réprobateur ne pouvaient échapper à sa vengeance ou à sa cupidité : elle leur supposait des crimes, et ils étaient emprisonnés; là, on les affaiblissait par des privations; puis, on les interrogeait avec astuce ; enfin, pour obtenir d'eux l'aveu mensonger de fautes imaginaires, on les livrait à la torture!.....

M. J$_b$ Lavallée décrit ainsi le supplice préliminaire de la question :

« Après qu'un accusé avait donné ses reproches et ses réponses, si elles ne satisfaisaient pas, et que d'ailleurs le crime ne fût pas suffisamment prouvé , on le condamnait à la question ou à la torture. Il y en avait de trois sortes : la première était la corde, la seconde l'eau , et la troisième le feu. La torture de la corde se donnait en liant l'accusé à une corde par les bras renversés par derrière, ensuite on l'élevait avec une poulie, et après l'avoir laissé quelque temps suspendu , on le laissait tomber d'une grande hauteur à demi-pied de terre. Ces secousses disloquaient toutes les jointures, et faisaient jeter au patient des cris horribles. Cette torture durait une heure et quelquefois davantage, selon que les inquisiteurs présents le jugeaient à propos, et que les forces du patient le permettaient.

» Si cette torture ne suffisait pas, l'on employait celle de l'eau. L'on en faisait avaler par force à l'accusé , puis on le couchait dans un banc creux qui se fermait et serrait à volonté. Ce banc était traversé d'une barre, et tenant le corps du patient suspendu, lui brisait les vertèbres avec des douleurs incroyables.

» La torture du feu était la plus horrible. On allumait un feu ardent, l'on frottait la plante des pieds du criminel de lard ou autres matières pénétrantes et combustibles, on l'étendait ensuite par terre les pieds tournés vers le feu ; on les lui brûlait ainsi, jusqu'à ce qu'il eût confessé tout ce que l'on voulait savoir. Ces deux dernières tortures duraient comme la première l'espace d'une heure, et quelquefois davantage.

» Quand un accusé était condamné à la torture, on le conduisait dans un lieu destiné à ce supplice, que l'on appelait le lieu des tourments. C'était une grotte souterraine, où l'on descendait par une infinité de détours, afin que les cris de ces malheureux ne pussent être entendus. Il n'y avait dans ce lieu de siéges que pour les inquisiteurs, toujours présents quand on donnait la torture. Il n'était éclairé que par deux flambeaux sombres, dont la mourante lumière suffisait pourtant pour faire voir au criminel les instruments de la torture : il s'y trouvait un ou plusieurs bourreaux, selon qu'il en était besoin. Ces bourreaux étaient vêtus à peu près comme les pénitents, d'une grande robe de treillis noir, la tête et le visage couverts d'une espèce de capuchon noir, avec des trous aux endroits des yeux, du nez et de la bouche.

» Ce spectre saisissait l'accusé et le dépouillait. Avant que de le livrer à la torture, les inquisiteurs l'exhortaient à confesser ce dont il était accusé. S'il persistait à nier, on lui donnait la torture à laquelle il était condamné, de l'une des trois manières que nous venons de décrire. Quelquefois elle était si violente, que le cœur et les forces manquant au patient, il fallait faire entrer le médecin de l'inquisition, pour savoir s'il la pouvait supporter plus long-temps sans mourir. »

Si les forces du patient avaient pu résister à tant de tourments, on le reconduisait dans un cachot souterrain où il ne lui était guère possible d'échapper à la plus scélérate investigation.

De prétendus accusés étaient placés près de lui, et par de faux gémissements excitaient sa commisération, paraissant eux-mêmes compâtir aux souffrances inouies qu'il avait souffertes. Abusant ainsi du doux empire que prend toujours sur nos sens celui qui nous plaint, ils s'emparaient de sa confiance, et cette perfidie avait tout le succès désirable : ces hypocrites arrachaient ainsi à celui que l'on voulait perdre, des plaintes, des soupirs, des confidences et des murmures; la douleur du malheureux s'épanchait dans leur sein !.... Après avoir rempli leur horrible mission, les confidents allaient, comme Tartufe, dénoncer leur nouvel ami ; et le saint tribunal, qui n'avait pu d'abord le convaincre d'aucune sorte de culpabilité, à l'aide des infâmes révélations de ces agents provocateurs trouvait des motifs plus que suffisants pour frapper sa victime.

Les cérémonies de l'auto-da-fé (acte de foi) se célébraient toujours par l'inquisition d'Espagne, à l'avénement des rois au trône, à l'époque de leur majorité, aux fêtes de leur mariage, à la naissance du successeur de la couronne, ou à l'occasion de quelque autre grand événement.

Un mois avant le jour fixé, les ministres du Saint-Office l'annonçaient pompeusement dans les rues de Madrid.

Les préliminaires de l'auto-da-fé et le cérémonial se faisaient sur la grande place, devant toute la cour et au milieu d'une immense population : le monarque, la famille royale et leur suite se plaçaient au balcon du palais; le conseil de l'inquisition et les autres conseils du royaume siégeaient sur un théâtre de cinquante pieds de long, portant vingt-cinq ou trente degrés, et qui se trouvait élevé à la hauteur du balcon de S. M. Au-dessus de ces degrés, on distinguait, sous un dais, le trône du grand inquisiteur, beaucoup plus élevé que le balcon du roi.

Auprès du grand théâtre, il y en avait un fort petit, plus long que large, qui soutenait deux cages où l'on enfermait les condamnés pendant la lecture de leur sentence.

Je laisse maintenant parler l'auteur de l'*Histoire des inquisitions religieuses* ; voici comme il donne la description d'une cérémonie de l'auto-da-fé :

« La cérémonie commença par une procession. Elle partit dans l'ordre suivant de l'église de Sainte-Marie.

» Cent charbonniers armés de piques et de mousquets, marchaient les premiers, parce qu'ils fournissent le bois que l'on emploie au supplice des malheureux condamnés au feu. Ensuite venaient les dominicains, précédés d'une croix blanche.

» Les charbonniers se placèrent à la gauche du balcon du roi : la droite était occupée par ses gardes. Trente hommes portaient ensuite des effigies de carton grandes comme nature ; les unes représentaient ceux qui étaient morts en prison, et dont les os furent apportés dans des cercueils sur lesquels des flammes étaient peintes ; les autres figures représentaient ceux qui, s'étant sauvés des mains de l'inquisition, avaient été condamnés par contumace. Ces figures furent placées dans une des extrémités de l'amphithéâtre.

» Douze condamnés, tant hommes que femmes, arrivèrent après eux la corde au cou, la torche à la main , avec des carochas où bonnets de carton hauts de trois pieds, sur lesquels leurs crimes prétendus étaient écrits ou représentés de différentes manières.

» Cinquante autres suivaient ces premiers , une torche à la main, couverts d'un san-benito ou casaque sans manches , de couleur jaune, avec une grande croix rouge de Saint - André devant et derrière ; c'était des juifs pris pour la première fois et repentants, condamnés à quelques années de prison , ou à porter le san-benito ; chacun d'eux était conduit par deux familiers de l'inquisition.

» Derrière eux venaient vingt juifs, hommes ou femmes relaps , condamnés au feu. Ceux qui avaient témoigné se repentir devaient être étranglés *selon la coutume* avant que d'y être jetés ; les autres, obstinés dans l'erreur, devaient être brûlés vifs. Ils portaient des san-benitos de toile peinte, qui représentaient des diables et des flammes ; leurs bonnets étaient peints de la même manière ; cinq ou six d'entre eux, plus obstinés que les autres, avient des bâillons à la bouche pour les empêcher de blasphémer.

» Ces malheureux passèrent en cet ordre au-dessous du balcon du roi d'Espagne, et après avoir fait le tour du théâtre , ils furent placés sur l'amphithéâtre à main gauche, chacun entre les familiers et les religieux qui les avaient accompagnés.

» Le clergé de la paroisse de Saint-Martin , arrivant ensuite , se plaça près de l'autel. Les officiers du conseil suprême de l'inquisition, les inquisiteurs, les qualificateurs, les officiers de tous les autres conseils, et plusieurs autres personnes considérables, séculiers et réguliers, formant une longue cavalcade, arrivèrent ensuite et se placèrent sur l'amphithéâtre à main droite , aux deux côtés de la chaire préparée pour le grand inquisiteur. Il marchait le dernier, vêtu de violet, accompagné du président du conseil de Castille . quand il fut monté à sa place, le président se retira.

» Alors on commença la messe, au milieu de laquelle le célébrant quitta l'autel, et s'assit sur un siége qui lui était préparé. Le grand inquisiteur descendit de sa place ; s'étant fait revêtir d'une chape , la mitre en tête, après avoir salué l'autel, il s'avança vers le balcon du roi, monta les degrés du bout de l'amphithéâtre avec quelques officiers de l'inquisition. Ils portaient la croix, les évangiles et un livre qui contenait le serment par lequel les rois d'Espagne s'obligeaient à protéger la foi catholique, d'extirper les hérésies et d'appuyer de toute leur autorité les procédures de l'inquisition.

» Le roi d'Espagne, debout et tête nue, ayant à ses côtés un grand qui tenait l'épée royale élevée, jura d'observer le serment dont un conseiller du conseil royal et de l'inquisition venait de faire la lecture. Il demeura en cette posture jusqu'à ce que le grand inquisiteur fût retourné à sa place, où il quitta ses habits pontificaux.

» Il était près de midi lorsqu'on commença à lire les sentences de ceux qui avaient été condamnés. On lut d'abord celles des coupables morts dans la prison, ou qui avaient été jugés par contumace; leurs effigies furent portées sur le petit théâtre, et mises dans les cages : ensuite l'on continua la lecture des sentences à chaque condamné , qu'on fit entrer l'un après l'autre dans les mêmes cages, afin qu'ils fussent reconnus de tout le monde.

« Ensuite l'on fit la lecture des sentences rendues contre les accusés de bigamie, de sortilège, de profanation des choses saintes et de plusieurs autres crimes, aussi bien que contre les juifs repentants, et cela dura jusqu'à neuf heures du soir.

» L'on acheva la messe, et le grand inquisiteur, revêtu de ses habits pontificaux, donna l'absolution solennelle à ceux qui se repentirent. Le roi s'étant retiré, les criminels condamnés au feu furent livrés aux bras séculiers, et conduits sur des ânes, à trois cents pas hors la porte de Foncaral. Ils furent exécutés après minuit. Les obstinés furent brûlés vifs, et les repentants furent étranglés avant que d'être jetés au feu. Ceux qui étaient condamnés au fouet, furent le lendemain promenés par les carrefours, montés sur des ânes, et furent fouettés par toutes les rues et places publiques.

» Outre ces exécutions générales de l'inquisition, il s'en faisait tous les ans de particulières sur la fin du carême, le vendredi qui précédait immédiatement le Vendredi-Saint; les inquisiteurs, dans ces occasions, étaient accompagnés des magistrats, des officiers de justice et de ceux du roi, du gouverneur, de la noblesse, de l'évêque et de tout le clergé séculier et régulier. Enfin, tout s'y passait à peu près avec les mêmes cérémonies. »

(17) PAGE 91.

Je crois devoir donner ici une idée de la guerre des albigeois.

L'inquisition fut fondée au commencement du 13e siècle, par le pape Innocent III : à cette époque l'opinion des albigeois avait beaucoup de partisans. C'était une secte qui méconnaissait la puissance du pape et qui prétendait que le clergé ne devait avoir ni biens, ni richesses, ni puissance temporelle, parce que son royaume n'est pas de ce monde ; ils étaient de mœurs pures, leurs principes étaient doux, ils se montraient étrangers à l'esprit de faction et à la guerre; bons pères de famille, poussant l'amour filial et la fidelité conjugale jusqu'au rigorisme, bons citoyens, hommes d'honneur, ennemis de l'éclat, attachés à leurs travaux, ils aspiraient en tout à la perfection. Le premier fondateur de cette secte était

Arnaud de Bresse, l'élève et l'ami d'Abailard. Dans la lutte qu'Arnaud soutint contre Rome, il fut un instant victorieux. Sous le pontificat d'Adrien IV, le cardinal Girard s'empara de lui par surprise ; mais comme il avait encore de puissants protecteurs, Adrien IV, pour s'en défaire excommunia les romains jusqu'à ce qu'Arnaud fût brûlé, et il le fut.

Le ressentiment des disciples d'Arnaud contre Rome fut extrême ; ils propagèrent leurs nouvelles idées religieuses, qui enfantèrent les vaudois et les albigeois ; ceux-ci tirèrent leur nom du pays de Vaud et de la ville d'Alby, qui furent leur berceau.

Les nouveaux sectaires se multiplièrent rapidement et peuplèrent bientôt presque toutes les contrées situées entre la rive droite du Rhône et la Garonne, et notamment Toulouse, Beziers, Carcassonne et Montpellier.

Cette secte, ou plutôt les richesses que possédaient ceux qui la composaient, excita l'envie ; on les dénonça au saint-siége, on éveilla la sollicitude de S. S. à cet égard, on les traita d'hérétiques, et Innocent III ordonna une croisade contre eux. Cette croisade fut organisée par Saint Dominique. On excita partout le fanatisme, la chaire retentit des foudres du vatican, et l'on publia en tous lieux que les albigeois et les mahométans étaient également ennemis de l'église et qu'il n'y avait nulle différence entre eux. Simon de Montfort, homme avide et barbare, fut chargé par Saint Dominique de commander l'armée des croisés ; il ne tarda pas à se faire connaître par son ambition, sa mauvaise foi et sa cruauté : c'est sur des cadavres qu'il marchait à la fortune.

Les princes qui figurèrent le plus dans la defense des albigeois étaient Raymond, comte de Toulouse, et le comte de Beziers ; ils ne s'étaient point séparés de l'église catholique, mais ils voulaient protéger leurs sujets.

Ce fut en 1409 que cette guerre commença ; et les succès des croisés, presque tous dûs à la trahison et à la perfidie, étaient toujours accompagnés de meurtres et de sang.

Le comte de Beziers fut attaqué le premier ; on assiégea sa capitale : il protesta de son attachement au pape et de sa fidélité à l'église, et demanda vainement qu'on s'en rapportât à lui du soin de veiller à ce que les opinions des albigeois ne se propageassent point dans ses états, mais qu'on éloignât d'eux les maux de la guerre : rien ne fut écouté. Les remparts de Beziers furent forcés le 22 juillet 1209 ; et les croisés, maîtres de la capitale, massacrèrent tous les habitants, hommes, femmes, filles, enfants et vieillards : on porte le nombre des victimes de cette journée à soixante mille !... Des soldats qui demandaient à l'abbé de Citeaux à quels signes ils pouvaient distinguer les catholiques des albigeois, reçurent de lui cette réponse : *tuez toujours, Dieu saura bien reconnaître les siens !*

Ce massacre exaspéra les albigeois ; le comte de Beziers se retira à Carcassonne, il s'enferma dans la cité qu'une triple enceinte de murailles défendait et qui était située sur l'une des rives de l'Aude : c'est là qu'existait le château. La partie de la ville qui était sur l'autre bord était sans défense ; elle fut bientôt forcée et mise à sac comme on avait fait de Beziers.

Cependant, le comte de Beziers se défendait avec courage : la force étant inutile, on employa la trahison. Un agent lui fut envoyé pour demander la paix : il lui dit que les légats étaient enfin décidés à céder, mais qu'ils ne voulaient traiter qu'avec lui ; il l'engagea à le suivre en lui garantissant foi de chevalier que sa personne serait respectée et qu'il le prenait sous sa sauvegarde. Le comte de Beziers se rendit à ces promesses (la foi de chevalier était sacrée) ; il arriva au camp ennemi, on le chargea de chaînes, et on le jeta dans un cachot où il mourut : tel est le respect que les croisés montraient pour le droit des gens. Ayant appris la mort de leur chef, les habitants de Carcassonne quittèrent la ville au moyen d'un souterrain. Les légats ne tardèrent pas à y entrer, et furent stupéfaits de n'avoir vaincu que des murailles.

Au printemps de 1210, les opérations recommencèrent par la prise du château de Moucibe et de la ville de Lavaur dont tous les habitants furent passés au fil de l'épée.

L'armée se tourna alors contre le comte de Toulouse et le comte de Foix auquel le roi d'Aragon, qui avait abandonné les croisés, s'était joint; ces trois princes réunirent des forces considérables et présentèrent la bataille : ce fut là la journée de Maret. La victoire resta long-temps incertaine, on combattait des deux côtés avec un incroyable acharnement; mais la mort du roi d'Aragon, qui fut tué dans la mêlée, décida du sort des albigeois et Montfort triompha. Cette journée amena la soumission de Toulouse, de Narbonne, du Languedoc et d'une partie de la Provence.

Montfort jouit pendant quatre ans du fruit de ses succès, quand Raymond reparut tout-à-coup dans Toulouse : en un instant tout le peuple est armé et la garnison des croisés est surprise, désarmée et chassée. Les toulousains, prévoyant les suites de cette action audacieuse, se mirent en devoir de réparer leurs fortifications auxquelles les femmes, les enfants et les vieillards s'empressèrent aussi de travailler. Les habitants, voulant néanmoins éloigner d'eux les horreurs d'un siége, envoyèrent à Montfort des députés que celui-ci fit arrêter et emprisonner.

Sur ces entrefaites, l'abbé Foulque, évêque de Toulouse, qui était avec Montfort et qui possédait sa confiance, se fit fort de lui livrer Toulouse sans coup férir. Revêtu de ses habits pontificaux, il se présenta devant les portes qui s'ouvrirent à son aspect; il assembla le peuple, le harangua, et fit si bien qu'il le décida à se rendre auprès de Montfort dont il attestait la clémence et la bonne foi : on le suivit, mais tous ceux qui arrivèrent furent saisis et enchaînés; les cris et les imprécations des victimes de cette atroce perfidie, frappèrent bientôt l'oreille des autres toulousains qui refluèrent vers la ville; mais le prélat les poursuivit à la tête des troupes de Montfort, ils pénétrèrent tous dans Toulouse et le massacre commença.

L'histoire a consacré la belle conduite des toulousains dans cette déplorable circonstance, ils portèrent la valeur au plus haut degré; Montfort marquait sa présence par le feu, le viol et le pillage : les toulousains se divisèrent en deux corps dont l'un combattait l'ennemi et l'autre l'incendie ; cette mémorable journée fut témoin de prodiges de valeur et d'actes du plus magnanime dévouement. Les croisés vaincus , se retirèrent , et le siége continua. Quatre mois après , une pierre lancée par une femme, frappa Montfort qui tomba et mourut.

A la mort du comte de Toulouse , la faiblesse de son fils, qui lui succéda , ruina tout l'espoir des albigeois. Cette guerre , commencée sous Philippe Auguste, fut continuée par Louis VIII, et dura vingt ans ; elle détruisit des villes entières , des villages et des chaumières ; des champs furent ravagés et condamnés à la stérilité , des races entières furent exterminées ; quelques faibles débris d'une nombreuse population passa le Rhône , franchit les Alpes et se retira en Piémont ; l'inquisition se chargea du reste.

(18) PAGE 91.

Urbain Grandier vivait au commencement du 17e siècle : fils d'un notaire de Sablé, il embrassa les ordres et devint curé et chanoine de Saint-Pierre de Loudun; il joignait aux agréments de la figure, un esprit cultivé, des talents et surtout celui de la chaire. Il n'en fallut pas davantage, dans ce siècle de fanatisme, pour exciter la jalousie : ce fut le sentiment qu'éprouvèrent les cordeliers, dont l'ordre avait été choisi dans l'origine par le pape Innocent II, pour partager avec les dominicains les fonctions d'inquisiteurs. Ces indignes moines cherchèrent d'abord à noircir la vie d'Urbain Grandier, d'un homme qui jouissait de l'estime générale. Ils voulurent le convaincre d'avoir fait du couvent des ursulines de Loudun, dont il avait été quelque temps directeur, le lieu de ses plaisirs mondains. Mais le présidial de Poitiers proclama son innocence, et il fut bientôt rendu à ses pieux travaux. Cette première tentative n'ayant pas réussi, les cordeliers qui voulaient le perdre, mirent en usage tous les moyens que leur donnaient la calomnie : ils persuadèrent aux ursulines qu'il les avait ensorcelées, au peuple qu'il était magicien et qu'il avait conséquemment commerce avec l'enfer, et au cardinal de Richelieu qu'il était l'auteur d'un méchant libelle dirigé contre lui. Les ursulines faisaient en effet toutes sortes de contorsions et avaient des visions épouvantables ; le peuple ignorant et superstitieux crut à la magie, et le cardinal de Richelieu eut l'indignité de prêter la main aux menées des cordeliers, pour satisfaire une récrimination personnelle ; car Richelieu avait trop d'esprit et de connaissances pour croire qu'Urbain Grandier pût être magicien. On créa pour le juger, un tribunal composé de douze juges, présidé par Laubardemont, conseiller-d'état. Les témoins étaient de vils agents vendus aux moines et que ceux-ci avaient habillés en diables ; ils déposèrent sous les noms de Astaroth, Easas, Celsus, Acaos, Cedon, Asmodée, Alex, Zabulon, Nephtalim, Cham, Uriel et Achas. Urbain Grandier subit d'abord la question qui lui fracassa les membres et fut ensuite brûlé vif, supplice auquel il avait été condamné. N'est-il pas surprenant qu'un tribunal ait pu prononcer une telle condamnation, sur la déposition des diables ? Car les juges ont bien réellement cru que c'étaient les habitants de l'enfer qui paraissaient devant eux : les pièces du procès en font foi. Afin de mieux enlacer dans leur odieux plan un peuple fanatisé, les cordeliers faisaient rougir un crucifix en fonte, ayant un manche de bois, ils le présentaient à Grandier ; aussitôt Grandier, sans défiance, avançait avec ferveur les lèvres pour baiser le signe de notre rédemption, mais la force du feu le forçait bientôt à détourner la tête : ses bourreaux exploitant son embarras, avec une audacieuse cruauté, se retournaient avec véhémence vers l'assemblée et tonnaient contre le patient, qu'ils disaient être convaincu d'hérésie, parce qu'il répugnait à baiser le christ. Quel malin génie, ou plutôt quel monstre infernal a pu concevoir l'idée de tant d'atrocités ?... Urbain Grandier fut juridiquement assassiné le 18 avril 1634.

(19) PAGE 92.

La servitude du Mont-Jura. Au pied du Mont-Jura, dans la Franche-Comté, il y avait une commune composée de 12000 habitants, appelée le pays de Gex, dont de temps immémorial un couvent de benédictins, sous l'invocation de Saint Claude, s'était arrogé la possession : non-seulement ces moines étaient possesseurs du sol, mais encore ils avaient usurpé le droit naturel et ils étaient propriétaires des habitants ainsi que de leurs biens. L'esclavage des habitants du Mont-Jura était de trois sortes : 1° l'esclavage de la personne, qui consistait *dans l'incapacité de disposer de ses biens en faveur de ses enfants, s'ils n'avaient pas toujours vécu avec leur père, dans la même maison et à la même table* ; dans ce cas, après la mort du père, tout ce qu'il possédait revenait aux moines qui ne payaient pas même les dettes du défunt ; sa veuve, dont la dot était ainsi confisquée, et ses enfants se trouvaient exposés à tomber dans la plus affreuse misère, et à demander l'aumône à la porte même de la maison paternelle. 2° L'esclavage des biens, qui était affecté aux habitations : *quiconque venait occuper une maison dans l'empire de ces moines, et y demeurait un an et un jour, devenait leur serf pour jamais. Il est arrivé quelquefois qu'un négociant français, père de famille, attiré par ses affaires, dans ce pays barbare, y ayant pris une maison à loyer pendant une année et étant mort ensuite dans sa patrie, dans une autre province de France, sa veuve, ses enfants ont été tout étonnés de voir des huissiers venir s'emparer de leurs meubles avec des Paréatis* (on appelait ainsi des pièces judiciaires qui donnaient l'autorisation d'exécuter une sentence hors de la juridiction du tribunal où elle avait été rendue), *les vendre au nom de Saint Claude, et chasser une famille entière de la maison de son père.* 3° L'esclavage de la personne et des biens qui *était composé des deux ; c'est ce que la rapacité a jamais inventé de plus exécrable et ce que des brigands n'oseraient pas même imaginer.*

Voltaire, dont les opprimés n'imploraient jamais en vain l'assistance, se chargea de faire parvenir les plaintes des malheureux habitants du pays de Gex jusqu'au pied du trône. (Voyez *œuvres de Voltaire*, édition in-8° de 1784, tome 45.) Ce fut de 1770 à 1775 que ce grand philosophe, cet intrépide ennemi du fanatisme et de la servitude, fit ses *écrits pour les habitants du Mont-Jura et du pays de Gex* : les passages que je viens de mettre en caractères italiques, en sont textuellement extraits.

Voltaire nous apprend que le pasteur qui prit possession de la cure de cette commune, à la St Louis en 1772, fit aussi entendre sa voix en faveur des ouailles qui lui étaient confiées. Combien n'est-il pas respectable le prêtre qui prend ainsi les intérêts de ceux dont il doit diriger la conscience et éclairer le cœur ! La tendre sollicitude d'un pasteur pour ceux qui l'entourent, élève l'âme et adoucit les maux par les charmes de l'espérance du meilleur avenir qu'il sait leur faire entrevoir. Quelle est belle, cette religion qui veut que ses ministres soient les pères des pauvres et les consolateurs des affligés ! Qu'ils sont estimables et dignes d'admiration, ces nobles interprètes de la parole de Dieu, ces vénérables apôtres de l'humanité qui, l'évangile à la main, essuient les larmes des opprimés et combattent les oppresseurs !

(20) PAGE 92.

Louis XVI ayant aboli tous les supplices inhumains qui consistaient, entre autres, dans la roue, à être rompu vif, à être écartelé, etc., demanda que l'on trouvât le moyen d'exécuter les criminels condamnés à mort, sans les faire souffrir. Un M. Louis inventa la machine qui sert maintenant d'instrument d'exécution : on lui donna le nom de *louisette*. La louisette présentait quelques inconvénients et ne remplissait pas tout-à-fait le but que l'on s'était proposé. M. Guillotin, médecin instruit, homme respectable, perfectionna la louisette, qui prit alors le nom de guillotine. Mais M. Guillotin qui n'avait été mû que par un louable sentiment d'humanité, voyant le grand nombre de victimes qui tombaient sous le fatal couteau, se livra aux plus vifs regrets ; son caractère changea tout-à-coup, il devint soucieux, mélancolique, morose et taciturne. Son état empirait chaque jour ; mais ce fut surtout quand il vit que son invention avait privé la France du bon Louis XVI, qu'il se livra au plus violent désespoir : sa santé déjà chancelante s'affaiblit de plus en plus, et il mourut de chagrin.

FIN DES NOTES.

Table.

FIN DE LA TABLE.

www.ingramcontent.com/pod-product-compliance
Ingram Content Group UK Ltd.
Pitfield, Milton Keynes, MK11 3LW, UK
UKHW020922140726
13695UKWH00003B/922